大是文化

U0021069

性的正義

誰決定你的性癖好、性對象？
絕非你的自由意志，
而是階級、權力，還有A片調教。
怎麼從這些桎梏中解放？

The Right to Sex:
Feminism in the Twenty-First Century

牛津大學女性主義理論教授
阿米亞・斯里尼瓦桑——著
Amia Srinivasan

聞翊均——譯

謹致我的母親，奇特拉（Chitra）。

我來到這裡是為了：
船的殘骸，而非殘骸的故事；
物體本身，而非神話。

——美國詩人亞卓安・芮曲（Adrienne Rich），
〈潛入船的殘骸〉（*Diving into the Wreck*）

目錄

推薦序一

性很複雜，你只能以不舒服的方式去理解它

高雄醫學大學性別研究所退休教授／成令方

阿米亞・斯里尼瓦桑（Amia Srinivasan）所寫的《性的正義》，以非常清晰且平易近人的方式，列舉出不同案例，討論長年困擾社會大眾，因性而引發的爭議。這也是為什麼，女性主義者想翻轉「性使女人成為次等公民」的現象。

作者分別仔細檢閱女性主義者多年來對合意或非合意性交、A片指導性愛、非自願守貞者（incel，詳見第一四四頁）、慾望是否為本能、師生戀是否等於性騷擾等議題的爭辯，最後指出家暴、賣淫與強暴，是二十一世紀最該正視的議題。她認為，我們想要面對這些議題的複雜性，就必須承受：這些議題肯定充滿矛盾又令人感到不舒服。

我非常欣賞作者在分析上述議題時，將父權體制和資本主義的剝削，與種族主義互相構成的交織性（Intersectionality，詳見第五十頁），以強而有力的案例呈現在讀者面前，讓讀者看到這樣的複雜性如何編織而成。若女性主義者不願意接受性的複雜，就無法翻轉女性的次等

地位，最後獲得好處的，只有社會地位高的富裕白人女性了。

本書提出幾個重要的思考方向，以下舉出幾個大點：第一，性看起來很私密，但其實是公眾的；慾望不是人類的本能，是在社會與政治的控制中形成的。作者將帶領你，跳脫當前的新自由主義的個人主義思潮，回到老舊的女性主義傳統，把性放在政治框架中檢視。對於沉浸於新自由主義的氛圍中，在社交媒體上發文、轉推，展現個人經驗與特色的年輕一代女性主義者而言，是很好的提醒。

第二，性或身體的接觸，必須在雙方或多方的「積極同意」（affirmative consent，詳見第七十頁）原則下進行，但光是個人的首肯還不夠，我們必須改變性別文化並立法，才有可能實現「同意」的現實條件；第三，法律能為性的正義設下邊界，但不能只強化國家的監禁權力；第四，經過多年觀察發現，最能保護性工作者權益的，其實是將性工作除罪化。

最後，許多人都知道，心理治療專業的訓練嚴格，會讓治療師明白，自己與患者間的職業界線有多重要。很遺憾的是，教育場域對教師沒有類似的訓練，使師生戀與師生間的性騷擾不斷發生，造成受教者身心嚴重的損傷。

今後，我們還會遇到很多與性相關的議題，作者建議我們，要觀察當下的情境，放棄原本極為依賴的思維與行為模式。我認同，這是解放政治行動的方向。我期待讀者透過本書，來理解並掌握性的複雜性，藉此找到屬於你的信念，並和同伴一起發起解放性的行動。

推薦序二

面對性別權力關係，誰是高牆？誰又是雞蛋？

女性主義者／周芷萱

在臺灣，性別運動自一九八〇年代起有不少收穫，在政治制度、法律規範等方面逐一「拆除父權違建」，然而，「女性主義在父權陰影下匍匐向前，其路徑從來不是直線的」[1]。立場各異的女性主義者互相激盪，是很重要的養分，而在本書中，作者把這些艱難議題一次展開，使讀者在閱讀的過程中，彷彿經歷多重的腦內高潮，常需要停下來喘口氣。

在二〇二二年，人們仍為了性別平等面臨各種挑戰。週刊揭露的性私密照詐騙與外流事件[2]、臺大性平會選舉候選人政見爭議[3]、跨性別者免術換證[4]……平權總是關乎權力，但究竟誰是高牆、誰是雞蛋？還是說，爭論不休的雙方都是雞蛋？權力關係越來越難看透，所以，

1 顧燕翎主編，《女性主義理論與流變》（臺北：貓頭鷹，二〇一九），第六頁。

我們需要更深刻的討論。

女性主義在近年的網路論爭中，常成為人們取笑的對象，好像性別平等的政治正確，永遠就只有一個答案；但對我而言，女性主義從來不是非黑即白的問題。即使如此，網路討論字數有限、讀者耐性更是有限，問題有時只能很快帶過，讓人留下不少遺憾，但是，這些遺憾都能在這本書裡了結！

本書作者是牛津大學哲學教授，擁有學術背景的斯里尼瓦桑，論述內容從不過於抽象，充分理解當代討論性別議題的複雜性，毫不畏懼挑戰各種難題，包含該如何看待女性主義者的權力、保守派利用女性主義倡議，甚至談及性傾向不該成為核心問題、跨性別者的性別認同劃界等，在臺灣和全球都充滿爭議的議題。

作者的洞見，正視當代強暴敘事中的艱難問題：#MeToo 運動的「相信女人」（believe women）主張，是否可能變成種族和階級偏見的再製工具？色情和性工作一直是女性主義難以避開、存在多年的難解課題，但作者嘗試在全面禁止與言論自由的論述兩端，拓展思考的可能性。

讀這本書時，光看標題，你可能會以為作者的立場是 A，但內文其實還討論到 B、C、D……每個議題的延伸討論都精彩無比。眾人爭吵不休的網路色情、師生戀、免術換證等當代性別問題，你不知道該如何思考嗎？本書幫你展開這些討論！

前言

性是一種文化，一點也不私密

女性主義不是一種哲學，也不是理論，甚至不是一種觀點。**女性主義是一種政治運動，而為了徹底改變這個世界**，女性主義者提出這個問題：要是我們能終結女性在政治、社會、性、經濟、心理與生理上受到的次等化（subordination，又稱從屬關係），會怎麼樣？

而他們得到的答案是：我們不知道會怎麼樣，只能先嘗試，並觀察結果。

女性主義的開端，從女人意識到自己是特定分類中的成員開始，而此分類中的成員，皆因為名為「性」的事物，而被賦予了次等的社會地位。

人們往往說性是天然的，比政治還早出現，是人類建立文化時，採用的一種客觀基礎。

---

2 一系列女性的性影像被散布至臉書社團「霸社」，此案犯罪者的連續詐騙手法，可追蹤至臺灣規模最大、獲利巨額的付費色情論壇「創意私房」。

3 部分候選人提出「制裁台女」、訂閱色情網站等政見，在網路上引發討論。

4 臺灣現行法令規定，跨性別者必須經過性別重置手術，才符合更換身分證性別的資格。

但我們在檢驗這個理應天然的事物時，卻發現性早已負載了該意義。所有人類的身體，都會在出生時被分類成男或女，不過，也有許多身體必須經過殘割（mutilate，俗稱割禮）才能符合性別分類，也有許多身體會在未來抗議這種出生時做的分類，也就是生理性別。這些初始分類，決定了一具身體未來會被賦予的社會目的。

有些身體存在的目的，是為了創造新的身體、幫其他身體穿衣服、洗澡與餵食（而且動機只能出自愛，絕不能出於責任），或是使其他身體感到舒適、完整且受控，是使其他身體感到自由。如此說來，性的天然不過只是假象，事實上，**性是一種文化的事物**。女性主義者告訴我們，**性（sex）和性別（gender）不同**[1]**，但我們在談論性的時候，其實在談論的只是性別偽裝成的性**[2]。

此外，性這個字還有另一層意思：我們用具有性的身體做的一種行為。有些身體的存在目的，就是執行性行為；有些身體的存在目的是供其他身體享樂、占有、消費、崇拜，等於是負責服務其他身體，幫助他人肯定自我。

也有些人說，性的第二層意義也很天然，是超脫政治（由各種團體進行集體決策的過程）之外的存在。不過，透過女性主義，我們可以發現，這種想法也是虛構的，而且這種虛構的想法能帶來某些特定的利益。

大家常以為性是一種極為私人的行為，但在現實世界中，性其實是公眾的。我們扮演的角色、感受到的情緒、誰在給予、誰在要求、誰在服務、誰在渴求、誰被想要、誰能獲益、誰會受苦……這些早在我們誕生之前，就已經有人制定了規則。

一位著名的哲學家曾告訴我，他拒絕接受女性主義者對性的評論，他說，唯有在性行為的過程中，他才能感到自己身處於政治之外，並體驗到真正的自由。而我問他，他的妻子聽了會作何感想（他的妻子並沒有受邀參加那天的晚餐，我沒辦法親自問她）。不過，這也不代表性一定不自由。

他們拒絕接受的，是自由的假象：有些人會說性很解放，並不是因為性是平等的，而是因為它無所不在。在這個世界中，性的自由並不是眾所皆知的事實，而是我們必須努力達成的目標，而這種自由肯定不完整。

法國作家西蒙・波娃（Simone de Beauvoir）在女性主義代表作之一的《第二性》（*Le Deuxième Sexe*）中，就夢想著自由的到來：

---

1 在英文的常見定義中，sex（性）指的是有關性的行為或生理方面的生物性別，gender（性別）指的則是社會學上的性別，在本書中，亦會將性與性別兩字分別以上述定義使用。

2 美國學者朱迪斯・巴特勒（Judith Butler）認為，看似自然的生物性別，仍是透過政治和社會所產生的；生物性別很可能和社會性別一樣具有文化結構，所以，生物性別和社會性別其實是同樣的事物。

儘管女人的自主性為男人省下許多麻煩，但同時也為男人帶來許多不便。如今，有某些實踐性冒險的特定方式，將使我們在明日世界中迷失：但這並不代表我們應該從性之中驅逐愛、幸福、詩與夢想。

讓我們提高警覺，以免我們的未來因缺乏想像力而變得貧瘠……性與性之間會誕生出我們無法想像、全新、肉慾的親暱關係……有些人主張的想法十分荒謬……他們認為如果男人和女人達到確實的平等，世上就不會再有不道德的行為、狂喜的情緒和熱忱的情感。

這種矛盾關係就像肉體與靈魂、瞬間與時間、內在性的暈眩與超越的訴求、愉悅的絕對與遺忘的虛無之間的對立，永遠都不會消失；緊張、受苦、喜樂及存在的失敗與勝利，永遠都會在性慾之中具體化……事實正好相反，在我們廢除了針對半數人類的奴隸制之後，這個虛偽的系統也會跟著廢除，而這代表的是……我們將發現人類伴侶的真實型態。

要怎麼做才能讓性真正自由？目前還不知道答案，但我們可以一起嘗試觀察結果。本書的主題，是這個世界的性政治與性倫理，而我寫下本書中不同文章的動機，是因為我希望能看見一個不一樣的世界。這些文章回顧了較老舊的女性主義傳統，當時人們不害怕把性看成政治現象或符合社會評論框架的事物。

在這種多樣化的傳統中，許多女人對社會提出挑戰，包含西蒙·波娃、俄國共產主義革命家亞歷珊德拉・柯倫泰（Alexandra Kollontai），到美國非裔女權作家貝爾・胡克斯（bell hooks）[3]、奧黛・羅德（Audre Lorde）、美國激進女性主義者凱瑟琳・麥金儂（Catharine MacKinnon）與芮曲，都讓我們在思考性倫理的時候，能夠不被局限於「同意」[4]（consent）這個狹隘的條件。

她們迫使我們去探詢，「好」這個字背後隱藏著什麼樣的力量，而由此能揭露，**性是一種必須取得同意的事物**，也由此揭開，為什麼在同意仍無法支持性的狀況下，還要賦予同意那麼多精神、文化與法律上的重量。這些女性邀請我們一起，夢想更為自由的性。

令人越不自在的，越可能是真相

本書的另一個目標，是試著為二十一世紀重新塑造關於性的政治評論，也就是：**嚴肅看待種族、階級、身心障礙、國籍和種姓制度等條件和性的關係，並思考網路時代使性變成什麼**

3 為其筆名，真名為葛勞瑞亞・珍・沃特金（Gloria Jean Watkins）。

4 一個人自願接受與自身有關，由其他人提出的提議或是意願，在此指合意性行為。

模樣，探詢這個社會動用資本主義與監禁化國家（carceral state）[5]的權力，來解決性的問題時，代表著什麼意義。

這些文章評論的大致都是美國與英國的狀況，此外我也會對印度有所著墨，而這些選擇反映了我自己的成長背景，同時也是我有意識的選擇。

本書評論主流英語世界（English-speaking world）[6]女性主義者的思想與實踐，而在過去數十年來，這些人提倡的女性主義，在世界上能見度最高，物質力量也最強大（當然，對於處於此世界之外的女性主義者來說，他們也不曾在自己的世界與社群內被邊緣化）。

近幾年來，這種女性主義的主流地位正逐漸下降，但這其實是一件好事，尤其近期有許多振奮人心的女性主義能量，都來自非英語世界的女性主義者。

在我寫作的當下，近期就有許多例子，在此列舉一二：波蘭的右翼聯合政府針對墮胎執行更嚴格的法律，女性主義者則率領全國各地民眾發動大規模抗議，國內有五百多個城市與鄉鎮響應；在阿根廷，女性主義者連續五年舉行大規模遊行，用「一個都不能少」（Ni una Menos）作為標語，迫使國會將墮胎合法化，而後在巴西、智利與哥倫比亞，抗議者也以組織化的方式，效法阿根廷的遊行活動。

除此之外，在蘇丹，女人率領的革命抗議行動推翻了奧馬爾・巴席爾（Omar al-Bashir）[7]的獨裁政權，接著，年僅二十多歲的蘇丹女性主義者阿拉・薩拉（Alaa Salah）要求聯合國安全理事會（United Nations Security Council），必須確保蘇丹過渡政府在訂定平等條例時，保障蘇丹的女性、反抗團體與宗教少數團體。

本書對某些主題，如性工作者的權利、監禁化政治的破壞性、現代性行為病理學——抱持非常堅定的立場；在其他主題上，本書則同時描述其利弊，不會簡化知識濃度較高、較困難的主題。女性主義必須不屈不撓的說出真相，尤其是有關自身的真相，正如勞工歷史學家大衛・羅迪格（David Roediger）所述：「對自己說真話的基進（radical）行動，遠比對強權說真話還要更重要。」

我們不能耽溺在幻想中，想著利益總會趨同、我們的計畫不會帶來預料之外的結果，或是政治是一個自在的場域。

5 源自法國哲學家米歇爾・傅柯（Michel Foucault）於一九七〇年代提出的理論，表示自從監獄被發明以來，就被當成犯罪行徑的唯一解決方式；根據女性與性別研究教授魯比・塔皮亞（Ruby Tapia）解釋，監禁的範圍遠遠超出監獄與其他監禁相關場所，其概念也代表，透過控制、監視、刑事定罪和不自由的政策，塑造並組織社會與文化的多種方式。

6 使用英語作為官方語言的國家，包括英國、美國、加拿大、澳洲、紐西蘭等。

7 前蘇丹總統，於一九八九年透過軍事政變上臺，並於二〇一五年的總統大選連任；二〇一八年蘇丹爆發大規模抗議示威活動，並於二〇一九年發生政變，軍方包圍總統府，巴席爾宣布辭職後即被逮捕。

女性主義學者暨社運人士柏妮絲．詹森．雷根（Bernice Johnson Reagon）[8]在上一個世紀就曾討論過這件事，她警告眾人，真正的基進政治——也就是結盟政治（coalitional politics）——不會是你的歸屬：

結盟並不是你能在家完成的事情。你必須在街頭上結盟……你不應該在聯盟中尋找自在舒適的感覺。有些人會在結盟後，依據他們結盟時感覺是否良好，來評斷這個結盟是否成功。這些人在尋求的不是聯盟，而是一個家！他們在尋求的是裝了奶的瓶子和奶嘴，而聯盟裡沒有這種東西。

對柏妮絲來說，**導致許多女性主義出現排外矛盾的，其實是誤把政治當成一個完美家園或歸屬的想法**，因為抱持這種想法的人，認為政治能夠提供完整的歸屬感，柏妮絲將這種歸屬感比喻為子宮。這些把政治當成家的女性主義者，堅持共通性比事實還要重要，並排除所有干擾家中安寧的人。不過，**真正具有包容性的政治，都該令人感到不安全又不自在**。

因此，在本書中，我會在有必要的段落，用令人不自在的方式解釋。這些文章不會成為你的家，但我希望它們可以使部分讀者獲得認同感。本書的不同章節，既可以合在一起閱讀，也可以分開翻閱，它們的目的不是說服或勸告任何人相信什麼，不過，若你確實因而相信了某件事，我也會感到開心。

事實上，這些文章代表的，是我設法把許多女人和一些男人已經知道的事物，轉變成文字的努力。女性主義一直都如此行事，也就是由女人們一起，試著清楚表達那些尚未被說出口、無法正式說出口的話。

在最好的狀況下，女性主義理論的依據，是女性在獨自一人時，心中思考的話，是她們在抗議的遊行、裝配生產線的隊伍、街道的角落及臥室裡告訴彼此的話，也是她們花了成千上萬次，試著告訴丈夫、父親、兒子、老闆與民選官員的話。

在最好的情況下，女性主義理論能揭露那些潛伏在女性掙扎之下的可能性，把這些可能性拉得更近一點。不過，女性主義理論往往會忽視特定女性的人生，只會高高在上的告訴這些女性，生活的真正意義為何，而**多數女性根本不需要這種自命不凡的論述**。

她們有太多事要做了。

8 為避免和美國前總統隆納．雷根（Ronald Reagan）混淆，接下來皆以柏妮絲稱呼。

第一章

如果你沒有反抗，
我就當作你同意

在我認識的男人中，我很確定有兩位曾遭控強暴，而後被證實為不實指控。其中一位男人是富有的年輕人，指控他的是一位曾偷過信用卡、正在逃亡中的絕望年輕女性。

這項強暴指控只是一場大型騙局中的其中一個小環節，這名女性說自己遭強暴的時間點，和這名男性所在的地點不符，而除了她的證詞之外，這個案子沒有其他強暴的證據，她說的許多話，後來都被證明為不實。這名男性從頭到尾都沒有被警方逮捕或指控，打從一開始警察就向他保證，一切都會沒事。

另一名男性則是個小人：自戀、有魅力、喜愛操控他人，還是個騙子。他身邊很多人都知道，**為了性，他會使用各種強制手段，但這些強制手段都不在強暴的法律定義內**。

和他發生性行為的女性，都同意發生性行為，而且這些女性都年輕、早熟又充滿自信；他知道要如何使女人覺得當下是她們在引誘他，讓她們以為，自己才是擁有決策權與權力的那一方，但事實上，她們擁有的力量很少（強暴犯常用「是她引誘我的」來辯解，戀童癖也常用這一套）。

其中，一名看穿他的行為模式和本性的女性，指控這名男人性侵（sexual assault）[1]，在認識這名男性的人看來，這名女性會尋求法律救濟，可能是因為這名男性使她受到創傷，因為她曾被利用、操控與欺騙。

或許最重要的原因是，他真的性侵過她，但依當前的證據來看，她並沒有被性侵。雖然最終這名男性並沒有因強暴而被起訴，不過他卻因為魯莽又不專業的行為而被迫離職。

我聽說他現在已經重新受到其他公司僱用，而且仍然持續相同的行為，不過現在他變得更謹慎且低調，也更懂得合理的推諉一切，甚至自封為女性主義者。

相較之下，**在我認識的女人之中，被強暴的遠遠不只兩人，而被強暴的女性人數，遠多於被不實指控強暴的男人**，這一點也不令人意外。

在我認識的這些女性中，除了其中一人之外，其他人都沒有提出刑事告訴或向警方報案。我還是大學生的時候，有一位同樣在念大學的朋友打電話給我，說她認識的某個人（朋友的朋友），和她在傍晚一起出去玩，在一間空無一人的休息室鬼混時，他在撞球桌旁強迫進入她的體內。

她說不要、做了反抗，最後把他推開，接著，當成什麼都沒發生一樣，繼續那天晚上的活動。她和我都沒有考慮過要不要報警，她打電話來只是想說，她遇到了這件事，但我們卻沒有把這件事稱作強暴。

1 在美國各州的法律定義略有差異，一般而言指的是未經當事人同意，對其實施與性相關的行為，並不單指強制性交，也包括猥褻、觸摸等。

這世上，確實有男人被不實指控強暴，否認這件事情沒有任何益處，但是，不實指控的案例其實非常少見。

英國內政部在二〇〇五年發表至今針對性侵害，最詳細的一份研究報告，該報告估計過去十五年來的兩千六百四十三個強暴案件中，只有三％很有可能或有機率是不實指控。

但依據英國警方個人判斷，在同一時期，可能是不實指控的案件卻是英國內政部統計的兩倍以上，比例落在八％[2]。一九九六年，聯邦調查局（FBI）也指出有八％的強暴指控毫無事實根據或為不實指控，而提出這些數據的是全美各地的警察局。

英國與美國會提出八％這個數字，大致上是因為警方受到了強暴迷思的影響。在這兩個國家，**若案件沒有肢體扭打、使用武器，或者指控者曾和被指控者有情感關係時，警方都比較傾向於認為案件是不實指控**[3]。

根據印度在二〇一四年發表的數據看來，印度第二大城市德里在前一年的強暴指控中，有五三％皆為捏造，此數據是由印度的男權社運人士以輕率的態度提出的。在他們的廣泛定義中，所謂不實指控包括所有沒有進入法庭的案件，更不用說那些沒有達到印度法規標準的強暴案件了，其中也包含括婚姻強暴，而印度有六％的已婚女性，都表示自己曾有這種經驗。

在英國內政部的研究中，警方判斷在兩千六百四十三個案件中，有兩百一十六個是不實指控，而原告總共指名三十九名嫌犯，其中卻有六名嫌疑犯被逮捕，僅兩人因此被提告，但這兩個案件最後都被撤銷。

所以，在最後的分析中，只有〇・二三%的強暴指控導致不實逮捕，也只有〇・〇七%的指控，導致男人被不實控告，沒有任何案件引至錯誤的有罪判決。同時，請不要忘了，英國內政部計算的不實指控，是警察的三分之一。

我並不是在說，我們可以輕易忽視不實指控，因為這樣的指控會導致無辜的男性不被信任、受到懷疑，國家權力的操縱手段能扭曲他的現實、奪走他的聲譽、毀掉他可能成就的人生，因為有一道強暴指控在你身上，無論是真是假，都是道德醜聞。

請特別留意，這種道德醜聞和強暴被害者的經歷，有很大的相似之處，許多案件中的強暴被害者，都必須面對來自警方的懷疑。

但是，不實的強暴指控就像飛機失事一樣，從客觀上來說是很少見的事件，只不過在社會大眾的想像中被誇大而已。

2 報告《是裂口還是斷層？》（*A Gap Or a Chasm?*）研究顯示，就連八%這個偏高的數字，都比此研究中受訪的警察預估的不實指控比例，還要低很多。

3 內政部的報告認為，被害者與加害人之間的熟識程度越高，案件是不實指控的可能性就越低；與此同時，有許多受訪警察都承認，從個人的觀點看來，當指控者認識被指控者時，他們比較傾向於不相信指控內容。

那麼，為什麼不實的強暴指控帶有文化責任？答案沒有「因為受害者是男性」那麼單純，因為被強暴的男人遠多於被不實指控強暴的男人，而**被強暴的男性，大多都是被同性強暴**[4]。

除了不實強暴指控對象通常是男人之外，會不會也是因為社會大眾大部分認為，提出不實指控的犯罪者都是女性？

事實上，不實指控其他男人強暴的很常是同性。大多數人都有這種錯誤的理解，一想到不實強暴指控，腦海中出現的往往都是一名令人不屑的貪婪女人，對著政府機關說謊的景象。

但是，大部分針對男性的錯誤有罪判決，有許多指控（或許是多數指控）是由其他男性提出的，而且起訴或控訴的人，大多都是男性警察與男性檢察官。

美國是全世界監禁率最高的國家，在一九八九年到二〇二〇年間，美國共有一百四十七名男性因不實指控和偽證，而被判沒有犯下性侵害罪[5]（在這段期間，受到謀殺罪的不實指控或錯誤定罪的人，是性侵害罪的五倍以上，共有七百五十五人）。

其中只有不到一半的男性，是被可能的受害者（alleged victim）刻意陷害的。與此同時，其中有超過一半的案件涉及「公務不當行為」，也就是警方指導被害人或證人做出假的指證、在被害人無法辨認出嫌疑犯是否為攻擊者的狀況下提告、隱匿證據或誘導假的自白。

這世上並沒有想要陷害所有男性的陰謀，但的確有針對特定階級之男性的陰謀。在一九八九年至二〇二〇年間，美國共有一百四十七人在受到性侵害的不實指控或偽證後，被判決有犯下性侵害罪，其中共有八十五名非白人與六十二名白人。

在這八十五名非白人中，有七十六名黑人，也就是說，在基於強暴的不實指控與偽證而被判有罪的男性中，有五二%是黑人。但在美國男性人口裡，只有一四%是黑人，而其中被判處犯下強暴罪的比例則是二七%。

因為性侵害而被判處有期徒刑的黑人男性，無辜的機率比同樣狀況的白人男性，還要高上三．五倍，而且這些黑人男性有很大一部分屬於貧困階級；這不只是因為美國黑人的貧困率高到不成比例，也是因為被判處有期徒刑的美國人，無論是什麼種族，大多都是窮人。

一九八九年，美國除罪釋放登記機構（National Registry of Exonerations）開始記錄美國因錯誤判決而被監禁的男女，但該機構並沒有詳細記載美國人無視司法系統、不實指控黑人男性的漫長歷史。

值得一提的是，該機構也沒有寫到美國人在種族隔離（racial segregation）政策期間，是

4　大規模的監禁使美國成為全世界唯一一個男性受強暴比例，比女性受強暴比例還要高的國家。

5　我們很難估算出不實指控的數量，因為一般來說，會用無罪判決來判定不實指控，但這是非常不精確的定義方式，有關利用無罪判決數據來計算不實指控比例的複雜性，請見第一章的第九點參考資料；而近來有一項研究推估，在維吉尼亞州的性侵害相關案件中，不實指控率高達一一．六%。

如何將不實強暴指控當成一種手段。套一句艾達・威爾斯（Ida B. Wells）[6]的話，當時人們把那些指控當成藉口，藉此擺脫擁有財富與地產的黑人，使黑人感到恐懼。

除此之外，該機構也沒有提及，在一八九二年至一八九四年間，有一百五十名黑人男性因為「可能強暴或意圖強暴白人女性」的罪名，而被處以私刑，而其中有部分受刑人與白人女性之間，本來就有一段眾人皆知、雙方合意的交往關係。威爾斯在其著作《紅色紀錄》（*A Red Record*）中，記載了這些事件。

另外，位於美國南部阿肯色州的威廉・布魯克斯（William Brooks），在一八九四年五月二十三日，因為向一位白人女性求婚而被處以私刑；還有一名黑人男性，在該月稍早於德州西部犯下「寫信給一名白人女性」的罪行，同樣遭受私刑。

二〇〇七年，白人女性卡洛琳・布萊安特（Carolyn Bryant）承認她在五十二年前說了謊。那時，她聲稱一名十四歲的黑人男孩艾默特・提爾（Emmett Till）抓住她，並要求和她性交，而她的丈夫羅伊・布萊安特（Roy Bryant）與其哥哥聽聞此事後，綁架提爾，強行毆打後便射殺他。

雖然當時有許多證據對布萊安特兄弟不利，但他們被判無罪。四個月後，他們在《展望》（*Look*）[7]上，分享他們綁架與殺害提爾的過程，藉此賺進三千美元[8]。

不過，目前沒有任何文件，詳細記錄**這種不實強暴指控，是怎麼被當成殖民與統治的工**

具，但是在印度、澳洲、南美洲與巴勒斯坦，其實都有這樣的狀況。

你可能會感到驚訝，如今關注不實強暴指控的，竟然變成擁有社會優勢的富有白人男性。但事實上，這一點也不令人訝異，他們宣稱自己對不實強暴指控感到焦慮，是因為不公義（無辜者受到傷害），但真正的原因，其實是性別（充滿惡意的女人傷害無辜的男人）。

這種焦慮也涉及種族與階級，因為**富有白人男性擔心，平常用來對待貧困有色人種的法律制裁，會被用在自己身上**。對於貧困的有色人種而言，白人女性的控訴，體現了黑人面對國家權力時的脆弱性，而且這只是整個脆弱網路中的冰山一角罷了[9]。

但是，針對中產階級富有白人男性的不實強暴指控，卻是「白人男性在面對不公義時，會變得脆弱」的實例，而這樣的不公義，其實是美國這個監獄化的國家，時常施加在貧困黑人

---

6 美國記者兼社會學家，於一九〇九年創建美國全國有色人種協進會（NAACP），反對黑人與白人分開遊行，爭取女性選舉權。

7 從一九三七年到一九七一年，在美國中西部愛荷華州發行的雙週刊。

8 全書美元兌新臺幣之匯率，皆以臺灣銀行在二〇二二年六月公告之均價二九．三元為準；由於此事件發生於二〇〇七年，根據美國美國勞工統計局的換算器顯示，該金額約等於現今的四千三百三十二美元，也就是大約十二．六萬新臺幣。

9 如美國黑人受到不實謀殺指控的可能性，比白人高上七倍；或是同樣的罪名，黑人的刑罰平均比白人還要多上二〇％。

身上的惡行。

富裕的白人男性相信司法系統會照顧他們，這種本能很合理。司法系統不會把毒品栽贓在他們身上、在開槍射殺他們後，才宣稱以為他們手上持有武器、因為他們走在「不該出現」的社區就騷擾他們、因為他們持有一克古柯鹼或一袋大麻就逮捕他們，反而會放他們一馬。

但說到強暴案這個領域，富有的白人男性就馬上開始擔心，這個社會對女性的信任逐漸提升，會減損他們不受法律侵害的權利。

不過，想當然耳，就算是強暴案件，國家同樣站在富有白人男性那邊。但他們真正在意的，其實不是真相為何，而是他們竟能被不實指控詆毀，也就是說，這些強暴指控讓富有的白人男性誤以為，他們在面對女人與國家時是脆弱的。

性侵二十分鐘，被判三個月，算是重罰？

二〇一六年，位於美國加州的史丹佛大學（Stanford University）的游泳選手布魯克·特納（Brock Turner），因為香奈兒·米勒（Chanel Miller）所寫的受害聲明，被判三項性侵重罪，最後被加州聖塔克拉拉郡的高等法院法官艾倫·帕斯基（Aaron Persky），判處在郡監獄中服刑六個月（實際服刑時間是三個月）。

布魯克的父親丹・特納（Dan A. Turner）寄了一封信給法官，寫道：

一月十七日與十八日的事件，永遠且徹底的改變了布魯克的生命。他再也不會是以前那個無憂無慮、個性隨和，又總是掛著熱情微笑的人了……你可以從他臉上的表情、走路的方式、虛弱的聲音與糟糕的胃口，注意到他的改變。布魯克以前喜歡吃各式各樣的食物，也是個非常優秀的廚師。

我很喜歡買一大塊肋眼牛排或他最喜歡的零食回家，還必須把最喜歡的蝴蝶餅和薯片藏起來，否則只要布魯克從游泳訓練回來後，這些零食馬上就會被清空。

現在，他幾乎什麼都吃不下去，進食只是為了生存。這些裁決在許多層面，對我們一家人造成了破壞性的創傷。無論他再怎麼努力，都不可能獲得他夢想的人生了。在他二十多年的人生中，為這二十分鐘的行為付出的代價，未免也太大了。

他只願意把短淺的目光，聚焦在兒子的福祉上，這點實在令人目瞪口呆。難道受害人米勒的生命，就沒有被「永遠且徹底的改變」嗎？更令人震驚的是，他（或許是出於無心的）說出替代性行為的雙關語──「二十分鐘的行為」（20 minutes of action），好像這是一項健康的青少年娛樂一樣。

這位父親想提出的問題，其實就等同：我兒子真的應該因此受罰嗎？他說到兒子不喜歡吃零食了，再也不需要把餅乾藏起來，聽起來其實比較像是在談論一隻黃金獵犬，而不是一名成年人。

但是，從某種程度上來說，丹在談論的確實是一隻動物，這是富有白種美國人才能在青少年時期培育出來的完美物種，這個物種有以下特徵：無憂無慮、個性隨和、擅長運動、友善、胃口奇佳，身上還披著一件閃閃發光的大衣。

在丹的想像中，布魯克就像動物一樣，應該存在於道德規範之外。這些男孩擁有鮮紅的血液與雪白的皮膚，**他們是徹頭徹尾的美國男孩，這種男孩最後都會跟徹頭徹尾的美國女孩約會並結婚，而且絕對不會被性侵**。

而最高法院法官布雷特・卡瓦諾（Brett Kavanaugh）[10]，就是這種徹頭徹尾的美國男孩。克莉絲汀・布萊希・福特（Christine Blasey Ford）[11]指控布雷特在高中時性侵她，當時布雷特就把自己美國男孩的身分，當成最後的防禦手段。他說，福特跟他不是同一個社交圈的人。

布雷特的父母是律師艾佛列特・愛德華・卡瓦諾二世（Everett Edward Kavanaugh Jr.）和歷史老師瑪莎・卡瓦諾（Martha Kavanaugh），他是家中的獨生子，曾就讀全美最貴的私校之一——喬治城預備中學（Georgetown Prep），這間學校是美國最高法院大法官尼爾・戈奇（Neil Gorsuch）與曾任美國司法部長、於競選總統期間遭刺殺的羅伯特・甘迺迪（Robert

Kennedy）兩名兒子的母校。

一九八二年的夏天，布雷特找了喬治城預備中學的朋友，和附近天主教女子學校的學生一起出去玩，包括位於馬里蘭州的石嶺中學（Stone Ridge）、聖子中學（Holy Child）、往見中學（Visitation）、聖潔中學（Immaculata）和聖十字中學（Holy Cross）。

這一群人包括了托賓（Tobin）、馬克（Mark）、PJ（P.J.）、斯奎（Squi）、伯尼（Bernie）、馬特（Matt）、貝琪（Becky）、迪妮絲（Denise）、羅莉（Lori）、珍妮（Jenny）、帕特（Pat）、艾咪（Amy）、朱莉（Julie）、克莉絲汀（Kristin）、凱倫（Karen）、蘇珊（Suzanne）、莫拉（Maura）、梅根（Megan）和妮奇（Nicki）。

他們去海邊玩耍、打美式足球、舉重、喝啤酒並參加禮拜，基本上，這年暑假可說是他們人生最棒的一段時光。

福特的指控傳入大眾耳中後，有六十五名在高中認識布雷特的女人，簽署了一封信來捍衛布雷特的清白。布雷特說，這些女人是他一輩子的朋友，他們從十四歲就認識了。

10 由於卡瓦諾家族的人將多次出現，在此皆以名字而非姓氏稱呼。

11 美國帕羅奧圖大學（Palo Alto University）心理學教授。

從客觀的角度來看，福特的社會與經濟階級和布雷特相同。福特是富有的白人，若她的記憶沒有出錯的話（你覺得這種記憶會出錯嗎？），她至少曾和布雷特那群人出去過一次。

但福特的指控，使她遭到放逐，被趕出這群有錢白人男女的社交世界中。根據布雷特的說法，他們還是青少年的時候，偶爾會做出一些「愚蠢」或「令人尷尬」的事情，但他們絕對不會犯罪。

布雷特和他的朋友在畢業紀念冊裡，使用「芮納特校友」（Renate Alumnius）[12]來描述自己；這個詞語影射的是芮納特．謝勒德（Renate Schroeder），她是六十五名「一輩子的朋友」中的一員，也簽署了那封證明布雷特對待女性時，總是溫和有禮又態度尊重的信件。

被問及芮納特校友一詞時，布雷特表示他們只是想用這種愚蠢的方式表現喜愛，代表是他們的一員，並說這個詞語和性沒有任何關聯。

不過，謝勒德是在簽署信件後，才得知有關畢業紀念冊的事。她在雜誌《時代》（*Time*）的採訪中表示，這種用語糟糕又傷人，根本不是真的。她說：「我無法理解那些十七歲男孩在寫下這種東西時，腦子裡在想什麼，我希望他們的女兒永遠不會受到這種對待。」

布雷特被任命為大法官之後，福特的父親拉弗．布萊希（Ralph Blasey）在馬里蘭州貝塞斯達的燃樹俱樂部（Burning Tree Club）[13]遇到了布雷特的父親愛德華，他們兩人都在那裡打高爾夫。

見面時，他們兩人友好的握了手。布萊希這位共和黨父親，對同為共和黨擁護者的愛德華說：「我很高興布雷特被任命為大法官。」

如果布雷特不是白人的話，此事件會如何發展？不過，我們這樣子假設只是徒勞，十分難以評估，就算有一名黑人或棕色人種男性，從小到大都像布雷特一樣家庭富有、就讀精英學校、家裡有從耶魯大學（Yale University）畢業的人、處於特權社經地位，他眼中的世界也絕不可能和布雷特一樣，更不用說認識許多同樣享有特權的同儕，能在遇到困難時支持自己。

所以，如果假設布雷特是一名黑人或棕色人種，卻不扭轉種族與經濟上的規則與常理，這種想像就毫無意義。

布雷特在年少時認識的人團結起來聲援他，他把這個舉動稱作友誼，但事實上，這是一種有錢白人的團結行為。

---

12 芮納特的名字在畢業紀念冊中總共出現十四次，包含在某些學生的獨立頁面上，以及一張包含布雷特在內的足球員合照中；布雷特的兩位同學說，足球校隊提到芮納特的用意，是在吹噓自己的「成就」，也就是他們都和她上床或約會過，儘管這不一定屬實。

13 男士高爾夫球俱樂部，多位美國總統與重要官員曾在此打球。

誰說了實話、誰又說謊

如今，主流女性主義者提倡的口號是「相信女人」，他們在網路上會使用相應的主題標籤「#我相信她」（#IBelieveHer），但**對許多有色人種女性來說，這些行為非但沒有帶來解答，反而製造了更多疑問。**

我們該相信誰？是聲稱自己被強暴的白人女性，還是堅持自己兒子被陷害的黑人或棕色人種母親？我們該相信經過五十多年，才承認自己說謊的布萊安特，還是遭誣陷的十四歲男孩的母親瑪米・提爾（Mamie Till）？

男權的捍衛者們，喜歡說「相信女人」違反無罪推定的原則，但這種說法其實屬於範疇錯誤（category error）[14]。

無罪推定是一種法律原則，代表**在一切平等的狀況下，我們理應認為錯罰比錯放還要糟糕**。而正是因為無罪推定原則，所以在多數法律系統中，都是由原告負責證明罪行的存在，而非由被告來反證罪行不存在。

相信女人的口號，並不是要求我們放棄無罪推定原則，而是在懷疑現實不公義時做出的政治回應，至少在多數案例中都是如此。依據法律條文，受到犯罪指控的人將會得到無罪推定，但我們都知道，某些人獲得無罪推定的程度，往往比其他人還要高。

在對抗這種無罪推定的執法偏誤時，相信女人的精神具有矯正效果，也能夠支持容易被法律視為說謊者的人——女人。除了上述原因之外，我們還可以從第二個層面理解，為什麼把相信女人當作放棄無罪推定，會是範疇錯誤：無罪推定原則並沒有告訴我們該相信什麼。無罪推定告訴我們，我們應該讓法律來判定罪行，但這個判定流程，很可能刻意安排成對被告有利的模樣。當然，哈維．溫斯坦（Harvey Weinstein）[15]在受審時，有權利獲得無罪推定；但是，對於我們這些並非陪審團成員的人來說，我們沒有義務對他進行無罪推定，也沒有責任在裁決出來前擱置判斷（suspend judgment）[16]。

事實正好相反，我們可以藉由各種有力證據的一致性，以及一百多名女性的詳細指控來推斷，溫斯坦極有可能犯下性侵與性騷擾的罪行。更重要的是，我們都知道像溫斯坦一樣手握大權的男人，總是傾向於濫用權力。

的確，在法律之前，法官與陪審團必須以相同的態度，對待每個案件中的個體，他們必

14 認為某一事物應歸屬在某一範疇，將既有的屬性，歸屬到不可能擁有該屬性的對象上。

15 贏得多座奧斯卡獎的美國電影監製，在二〇一八年因性侵指控而被逮捕，於二〇二〇年判定，五項指控中有兩項罪名成立。

16 延後判斷或定下結論的時機，在此等於不以無罪或有罪推定，遲遲不下結論。

須假設溫斯坦是性侵犯的機率，和一位九十歲的祖母性侵他人的可能性一樣高，但法律的常規並不適用於理性信念。

理性信念往往與證據相稱，舉例來說，如今有強而有力的統計數據顯示，像溫斯坦這樣的男性傾向於濫用權力，而指控他濫用權力的女性，也提出具有說服力的證詞。雖然在審判過程中，當然可能會有新的證據浮現，而先前看起來像是可信證據的事物，也可能會變得不再可信；同樣的，財富與權力也可能使可信證據消失。

但是，我們應該相信什麼，應由審判的結果決定。如果溫斯坦的所有指控都獲判無罪的話，我們是否就該認為指控他的人都在說謊？

部分新聞評論家（也包括一些女性主義者）堅稱，在溫斯坦這類案件中，我們永遠無法確實知道被告是否真的有罪，就算所有證據都讓我們覺得他有罪也一樣。

從哲學的視角來看，你當然可以採取這樣的觀點，但前提是，你必須對每個類似案件都抱持相同態度。如果我們永遠無法得知溫斯坦是否做了這些事情，那我們同樣無法說死，伯納・馬多夫（Bernie Madoff）[17]就是騙了投資人一堆錢的騙子，因為他也可能被他人陷害。

若從女性主義者的觀點出發，**最主要的問題應該在於，為什麼性犯罪會引起這種選擇性的懷疑主義**。而女性主義者應該給出的答案是：因為絕大多數的性犯罪，都是由男人施加在女人身上。有時候，相信女人的精神代表的，只是要求我們根據事實來形塑信念。

儘管如此，相信女人仍只是一種不怎麼鋒利的工具。這句話暗示的是「不要相信他」，但這種零和邏輯（她在說實話，他在說謊話）也同時假設，我們在評估強暴指控時，只會考慮到性的差異。

如果又將性別之外的因素，如種族、階級、宗教、移民身分、性傾向等納入考量，就更難清楚判斷我們從知識的角度來說，應該支持哪些人。

位於美國東北部紐約州的科爾蓋特大學（Colgate University），是一間精英文理學院，在二〇一三至二〇一四學年，只有四．二%的學生是黑人；然而，該學年中有五〇%的性暴力指控，都把矛頭指向黑人學生。那麼，在科爾蓋特大學執行相信女人的精神，是符合正義的嗎？

父權底下，沒有文明可言

長期以來，黑人女性主義者一直在嘗試加深，白人女性主義者對強暴之描述的複雜度。加拿大裔美國激進女性主義者舒拉米斯．費爾斯通（Shulamith Firestone），在她的雄心

---

17 前那斯達克（NASDAQ）主席，設計了一個龐氏騙局，令投資者損失五百億美元（約新臺幣十四兆元）以上。

壯志之作《性的辯證法》（*The Dialectic of Sex*）中，論及有關種族與強暴的論述糟糕透頂。她認為黑人男性之所以強暴白人女性，源自伊底帕斯情結（Oedipus Complex）[18]，等於黑人男性想要摧毀白人父親，奪走並征服白人父親的所有物。

美國政治活動家安琪拉．戴維斯（Angela Davis）在一九八一年出版的經典著作《女人、種族與階級》（*Women, Race & Class*）中指出，無論費爾斯通的言論屬無意還是有意，都已經促進黑人強暴犯的古老迷思再次復興。

戴維斯進一步指出：

> 一直以來，黑人男性是強暴犯的幻想形象，都在不斷強化另一個與此形象無法分割的觀點——黑人女性總是很淫亂。一旦人們開始認為，黑人男性無法抵抗猶如動物的性衝動，那這整個種族都會被賦予獸性。

二〇一二年十二月十六日晚上，名為喬蒂．辛格（Jyoti Singh）的二十三歲女性在印度德里[19]的一輛公車上，被包括司機在內的六名男子強暴與虐待，辛格後來被印度社會大眾封為無畏者（Nirbhaya）。

辛格在遭到強暴的十三天後死亡，症狀包括腦部損傷、肺炎、心臟驟停，以及與該次強暴相關的各種併發症；六名襲擊者在強暴過程中，曾用一根生鏽的鐵管插進她的陰道。

那次攻擊事件過後不久，一位朋友的父親在晚餐上和我談起這件事，他說：「但是印度人明明都很文明。」我很想告訴他，**在父權底下，沒有任何文明可言**。

非印度裔的新聞評論家若以旁觀者的角度來看，通常會認為辛格的謀殺案象徵了印度文化的失敗，包含了性壓迫、文盲與保守主義。歷史與文化的特異性，確實會影響一個社會對性暴力所制定法規，而印度如今的性暴力，源自於種姓制度、宗教信仰與貧困的現實狀況，以及英國殖民主義長久以來的浸染；正如美國與英國受到種族與階級不平等的現實，加上奴隸制帝國主義的長久影響一樣。

但是，非印度裔的人卻會引用辛格受到兇殘襲擊的案件，來撇清自己國家與印度性文化的關係。英國記者莉比．伯維斯（Libby Purves）在謀殺案發生不久後指出：「在印度這個國家，具有謀殺傾向，又像是鬣狗一樣的男人，會輕視女人很正常。」

讀到這段話，我們要問的第一個問題是：為什麼白人男性強暴他人是違反某種常態，棕

18 又稱戀母情結，指兒子戀母仇父的複合情結。
19 僅次於孟買的印度第二大城市。

色人種男性強暴他人卻是證實某種常態？第二個問題是，如果印度男人是鬣狗的話，那印度女人又是什麼？

全球迷思：白人女性最貞潔，有色人種性慾亢進

在白人占優勢的環境中，棕色人種與黑人女性常因為她們理應性慾亢進（hypersexuality）的刻板印象，而被視為「不會被強暴的」（unrapeable），因此，她們提出的強暴控訴常被預設為毀謗。

歷史學家潘蜜拉．薩利（Pamela Scully）還指出，歷史學有一個奇妙特質，整體來說，作者比較關心「白人女性成為黑人強暴犯的受害者」這個難以捉摸的迷思，而不會去關注殖民主義如何讓白人男性有權大量強暴黑人女性。

一八五〇年，在英國統治的開普殖民地（Cape Colony，現為南非和納米比亞地區），一名十八歲的勞工戴蒙．布伊森（Damon Booysen），承認他強暴了老闆的妻子安娜．辛普森（Anna Simpson）後，被判處死刑。

在判決出來的數天後，該案法官威廉．孟席斯（William Menzies）寫了一封信給開普殖民地的總督，說他犯下了一個可怕的錯誤。他原本以為辛普森是白人，但住在她鎮上的幾位

「可敬」居民告訴他，這名女人和她丈夫都是「黑人雜種」。孟席斯強烈要求總督減輕布伊森的刑罰，而總督同意了。

一八五九年，密西西比州的一名法官，撤銷一名成年男性奴隸強暴一名未成年女性奴隸的判決，被告指出：「本國的非洲奴隸之間，並沒有強暴罪存在……他們的性交模式就是雜交。」那位女孩當時還不滿十歲。

一九一八年，佛羅里達州最高法院指出，人們應該要假定白人女性都很貞潔，因此，也要假定她們的強暴指控都是真的；但是，這項規範不可以應用在另一個「道德敗壞、且在美國占一定人口比例的種族身上」。

喬治城大學貧困與不平等中心（GCPI）所做的一項研究發現，在美國的所有種族中，人們傾向認為黑人女孩的性知識比同齡白人女孩更豐富，也更不需要教育、保護與支持。

二〇〇八年，節奏藍調歌手勞．凱利（R. Kelly）因為製作了自己與一名十四歲女孩的色情影片，以管有兒童色情物品的罪行遭起訴，出庭受審。在美國電影製作人德莉姆．漢普頓（dream hampton）的紀錄片《勞凱利倖存者》（*Surviving R. Kelly*）中，陪審團的一位白人男性解釋，他們為什麼決定宣告無罪：「我就是無法信任她們，那些女人……她們穿的衣服，她們的一舉一動——我不喜歡她們。我反對有罪判決。我覺得她們說的每一句話都不重要。」

現實就是如此，在現代美國社會中，相較於白人女性，黑人女性特別容易受到特定形式的人際暴力（interpersonal violence）[20]影響[21]。政治理論學家莎塔瑪・瑟德克萊夫（Shatema Threadcraft）寫道，在非裔美國人政治中，人們總是關注黑人男性屍體，如被處以私刑、被警察槍殺的黑人屍體，而這種聚焦方式，又如何遮掩了黑人女性必須常態性承受的國家暴力。

在美國重建時期（Reconstruction Era）[22]，美國南方的黑人女性也同樣被處以私刑，現在也同樣有黑人女性被警方殺死，但這種形式的暴力景象，並不是美國最常探討的暴力形式。

黑人女性遇到的問題多到不成比例，包括警察性騷擾與性侵害、被迫和小孩分開，在接獲家暴指控時，也總是不被信任並受到侮辱。**黑人女性很容易被親密伴侶家暴，這件事正是社會造成的，因為黑人男性的高失業率，導致黑人女性有較高機率被伴侶殺害。**

瑟德克萊夫提出疑問：「要發生什麼樣的事件，才能推動人們聚集起來，一起關注這些黑人女性的屍體？」

在白人對黑人性慾產生錯誤迷思這件事上，還有另一個令人不安的因素在推波助瀾。白人認為黑人男性是強暴犯，黑人女性卻是不會被強暴的（戴維斯將此稱為黑人性慾過度的一體兩面），這種迷思在黑人男女之間，創造出一種緊繃狀態——黑人男性的要求是除罪化，而黑人女性則需要在遇到暴力時發聲，包括受到黑人男性暴力對待時。

最後的結果就是，黑人女性受到加倍的性次等化。當黑人女性開口反對黑人男性的暴力時，就會有人責怪她們加強社會對黑人社群的負面刻板印象，還會有人說她們要求一個種族歧視的國家提供保護，根本就是白費力氣。

與此同時，人們又根深蒂固的相信黑人女孩都性早熟，而這種刻板印象代表，有些黑人男性會認為黑人女性「要求男人侵犯她們」。

紀錄片團隊花了數十年，詳細記錄許多針對勞・凱利的強暴與性侵害指控，而勞・凱利的團隊在二〇一八年發表聲明，表示：「社會大眾想要公開處決這名對我們文化（黑人文化）做出傑出貢獻的黑人男性，我們將強烈抵抗。」但是，他的團隊沒有提到，那些指控他的幾乎全是黑人[23]。

在二〇一九年二月，有兩名黑人女性公開對維吉尼亞州的黑人副州長賈斯汀・費爾法克斯（Justin Fairfax）提出可信度很高的指控。當時的州長拉爾夫・諾瑟姆（Ralph Northam）因為被人指出他在一張照片中塗了黑臉（blackface）[24]，被要求辭職，而費爾法克斯則正準備接

---

20 一個人或多個人對另一個人的暴力行為，包括人身攻擊、性侵、跟蹤和家暴。

21 根據估計，美國有四一・二%非西班牙裔黑人女性，至少會遭受一次親密伴侶的肢體暴力對待；相較之下，遇到同樣經驗的非西班牙裔白人女性則是三〇・五%，美國原住民女性為五一・七%，西班牙裔女性為二九・七。%

22 一八六五年到一八七七年，南方邦聯與奴隸制度一併被摧毀，試圖解決南北戰爭遺留問題的時期。

23 在《勞凱利倖存者》中，曾和其合作的饒舌者錢斯（Chance the Rapper）承認，因為指控者是黑人女性，所以他不相信她們。

任州長的位置。

在加州斯克利普斯學院（Scripps College）擔任政治學教授的凡妮莎・泰森（Vanessa Tyson），指控費爾法克斯在二〇〇四年民主黨全國代表大會[25]期間，在飯店裡強迫她幫他口交。過了幾天後，梅勒迪斯・華生（Meredith Watson）也站出來，表示費爾法克斯在二〇〇〇年強暴了她，當時兩人都是杜克大學（Duke University）[26]的大學生。

這兩位指控者表明願意公開作證的幾天後，費爾法克斯在參議院的一場臨時演講中，拿自己和歷史上慘遭私刑的受害者比較：

> 我曾在這棟參議院裡聽到許多人說，他們反對私刑，說人們沒有獲得正當程序的審判，我們對此感到遺憾……然而，如今我們卻站在這裡，在除了指控之外什麼都沒有，也沒有事實的狀況下急忙做出判決，我們決定要做的事，就和私刑一樣。

費爾法克斯沒有注意到，把黑人女性拿來和施行私刑的白人暴民做比較，是多麼諷刺的一件事。同樣的，當非裔美籍最高法院大法官克萊倫斯・托馬斯（Clarence Thomas）在一九九一年，指控非裔美籍法學教授安妮塔・希爾（Anita Hill）引發了「高科技私刑」（high-tech lynching）時[27]，同樣沒有注意到這一切有多諷刺。

對黑人處以私刑這件事之所以存在，是因為人們認為黑人性慾強，而前述兩名男性在做的事，卻是重新利用這種邏輯，從比喻層面上指控黑人女性，說她們才是真正的壓迫者。

社會地位與膚色，決定你值不值得被同情

辛格的集體強暴與謀殺事件，在印度各地掀起了爆發式的悲憤，但這個案件並沒有推動人們認真思考強暴本身的意義。一直到一九九一年，英國才確立婚內強暴違法，美國的五十個州則是一直到一九九三年，才全面判定婚內強暴違法，但印度的婚內強暴，在法律上依然充滿矛盾。

印度的《武裝部隊特別權力法案》（*AFSPA*）源自英國在一九四二年，為了壓制爭取自由

24 起源於一種戲劇化妝方式，由非黑人表演者扮演黑人；在二十世紀初，普遍被視為冒犯黑人、種族歧視的行為。

25 美國民主黨為提名總統、副總統候選人所舉行的代表大會。

26 位於美國北卡羅萊納州，為美國最頂尖學府之一。

27 一九九一年，托瑪斯獲提名為大法官，極有希望接任前一位退休非裔大法官留下的空缺，而大法官候選人在總統提名後，須經過參議院議員投票半數同意。在準備投票前夕，希爾向參議院議員揭露曾被托瑪斯性騷擾的事實，因而舉行聽證會，成為轟動全美的社會事件；托瑪斯最後雖順利出任大法官，但有十多年的時間，皆不公開受訪或對外發表對於司法案例的意見。

的人民而設立的殖民法案，而直至今日，印度軍方依然可依據此法案，在位於印度東北部的阿薩姆邦和喀什米爾等「動亂地區」強暴女性，且不受法律制裁。

於二〇〇四年，來自印度東北部曼尼普爾邦的年輕女性譚潔姆・瑪諾拉瑪（Thangjam Manorama），被印度軍方第十七阿薩姆步槍隊（17th Assam Rifles）的成員綁架、虐待、強暴並謀殺，這些軍人宣稱瑪諾拉瑪是分離主義（separatism）[28]團體的成員。

數天後，十二名中年女性在阿薩姆步槍隊駐紮的康格拉堡（Kangla Fort）外抗議。她們把衣服脫掉，裸著身體大喊：強暴我們、殺死我們！

印度和世上其他國家一樣，總是有一些強暴案件比其他的更為重要。辛格是受過教育、住在城市的高種姓女性，因為她有這些社會條件，才能在逝世後獲得「印度的女兒」[29]這麼高的地位。

二〇一六年，一名達利特（Dalit，俗稱賤民）出身的二十九歲法律系學生吉夏（Jisha）被棄屍在印度南部的喀拉拉邦，她被開腸剖肚，身上有三十多道砍傷。檢驗人員推斷，她曾在強暴過程中抵抗，而後被謀殺。

同一年，在印度北部的拉加斯坦邦，有一名達利特出身的十七歲女學生德爾塔・蒙格瓦（Delta Meghwal）被棄屍在學校的水塔裡。蒙格瓦在被謀殺的前一天告訴她的父母，她被學校的一名老師強暴。

這兩名死去的女人獲得的注意力，遠遠比不上辛格強暴謀殺案所引起的群情激憤，就像在美國與其他白人占優勢的社會中，黑人女性必須面對的狀況一樣。在印度，如果是賤民出身或「低種姓」的女人，就會被視為性關係混亂的女性，因此同樣屬於不會被強暴的類別。所以，沒有人因為蒙格瓦的強暴與謀殺案而受審，也沒有悲傷的國人向她和吉夏致謝或賦予頭銜。

二〇二〇年九月，在與尼泊爾接壤的北方邦，有一位賤民出身的十九歲女性向警方報案，說她被四名高種姓的鄰居輪暴，報警後，她在醫院死亡。警方不承認她有報案，也無視其家人的抗議，半夜燒掉該名女性的屍體。

在辛格的強暴與謀殺案中，一名被判處死刑的犯人的妻子普妮塔·德維（Punita Devi）則問道：「我以後要住在哪裡？我的小孩以後沒飯吃怎麼辦？」

德維來自印度東北極為窮困的比哈爾邦，一直到她丈夫被處決的那天，她依然堅稱丈夫是無辜的。或許她只是不願承認，也可能是因為她注意到，貧困的男性特別容易因不實強暴指

28 又稱分裂主義，將自身從原本相連的其他部分抽離，通常分裂主義者的目標，是從現存的主權國家中，分離出一部分領土，以建立自己獨立的國家。

29 取自基於本事件拍成的紀錄片《印度的女兒》（*India's Daughter*）。

控而被定罪。

無論如何，德維都很清楚一件事：強暴的法律——不是明文規定的法條，而是人們實際上看待強暴的不成文規定——根本不在意像她這樣的女人。如果德維的丈夫強暴的不是辛格，而是自己的妻子或低種姓女性，他很可能至今都還活得好好的；而如今她的丈夫死了，印度政府也毫不關心德維與她的孩子要如何存活，只剩德維一人無力的問：「為什麼政治人物不會想到我們？我也是女人啊。」

所有的解放運動，都幫不到最需要幫助的人

交織性這個名詞，由黑人女性主義學者金柏利．克倫肖（Kimberlé Crenshaw）提出，目的是描述由過去那一代女性主義者提出的概念。

這些女性主義者包括千里達[30]籍活動分子克勞蒂雅．瓊斯（Claudia Jones）、黑人女性主義者法蘭絲．比爾（Frances M. Beal）、倡議黑人女性主義與女同性戀權益的康比河聯盟（Combahee River Collective）、美國作家塞爾瑪．詹姆斯（Selma James）、戴維斯、胡克斯、奇卡諾運動（Chicano Movement）[31]作家恩瑞克塔．朗格．瓦斯克茲（Enriqueta Longeaux y Vásquez），以及奇卡諾（墨西哥裔美籍）詩人雪莉．摩拉格（Cherríe Moraga）。

在一般理解中，交織性這個概念常被簡化成我們對壓迫與特權，包括種族、階級、性、身心障礙等各層面所做的考量。但是，當我們把交織性簡化成「注意到差異性」時，等同放棄了交織性由於同時兼具理論取向與實踐取向，而具有的力量。

交織性的核心觀點是，無論是哪一種解放運動（女性主義、反種族主義、勞工運動），若只把焦點放在相關團體（女人、有色人種、勞工階級）的共通點上，這個解放運動只會為該團體中最不受壓迫的成員，帶來最大的好處。

因此，若女性主義運動只處理「純粹」受到父權壓迫的案例，而**不考慮受種姓、種族和階級條件更為複雜化的案例，那最後受益的，只有富有白人女性或高種姓女性。**

同理，若反種族主義運動只關注受種族主義壓迫的例子，那最後會幫助到的，主要是有錢的有色人種男性。這兩種運動將逐一產生同化政治，目標變成為富裕的有色人種爭取權益，讓他們能夠獲得與有錢白人男性相同的對待。

相信女性這個政治行動，其形式和交織性的需求目前彼此衝突。絕大多數女性在提出可

30 全名為千里達及托巴哥，位於中美洲加勒比海南部的國家。

31 發生於一九四〇年代到一九七〇年代之間，由墨西哥裔美國人開始推動，是鼓勵文化復興、拒絕同化的身分認同方式之一。

信度很高的性暴力指控時，社會大眾仍傾向不相信她們，尤其當她們指控的對象是某些特定男性時更是如此。

而相信女性針對這個現實，提供了政治上的補救方法。然而，這個口號也很容易掩蓋，黑人女性尤其容易因黑人男性之性汙名而受苦的事實，正如達利特出身的女人，也很常因達利特出身男性的性汙名而被傷害一樣。

若我們太快相信白人女人對黑人男性的指控，或婆羅門（印度教種姓制度的祭司，地位最高）出身的女性對達利特出身男性的控訴，就會使黑人女性與達利特出身女性，更容易遭受性暴力。

當同種族或階級的男人使用暴力時，這些女性會失去站出來發聲的能力，因為社會大眾對她們有了根深蒂固的印象，認為她們的地位和性慾過度的黑人、達利特出身男性如出一轍。在這種女性性行為的悖論中，女人正是因為被視為不會被強暴的，所以才更容易受強暴。

威爾斯詳細記錄許多黑人男子，因捏造的強暴白人女性罪名而被處死，同時也記載許多黑人女性在遭受強暴後的情況，她們的遭遇大多都沒有激起群眾的憤怒，也沒有引起任何關注。

美國南部田納西州納許維爾市發生的瑪姬・瑞斯（Maggie Reese）案件正是如此，年僅八歲的瑞斯被一名白人男性強暴，而威爾斯寫道：「沒有群眾為這個無助的孩子復仇，因為她是一名黑人。」

我覺得是性騷擾，你卻說是開玩笑

在#MeToo[32]盛行的年代，針對不實指控的論述，已經演化成一種不同尋常的特質。許多犯下了罪行的男人不否認被害者提出的指控，而且有許多人——包括他們自己與其他男人——都認為他們受到了不當的懲罰。

當然，也有一些男人堅決表示自己是清白的：溫斯坦、美國名導演伍迪・艾倫（Woody Allen）、勞・凱利、知名演員詹姆斯・法蘭科（James Franco）、重量級廣播主持人蓋瑞森・凱勒（Garrison Keillor）、知名演員約翰・屈伏塔（John Travolta）。

但同樣常見的狀況是，這些備受矚目的男人，包含被譽為喜劇大師的脫口秀演員路易・C・K（Louis C.K.）、加拿大播音員簡・戈梅西（Jian Ghomeshi）、美國新聞記者約翰・霍肯伯里（John Hockenberry）、好萊塢殿堂級男演員達斯汀・霍夫曼（Dustin Hoffman）、奧斯卡影帝凱文・史貝西（Kevin Spacey）、前《今日秀》（*The Today Show*）主持人馬特・勞爾

32 二〇一七年溫斯坦性騷擾事件曝光後，於社交媒體上廣泛傳播的主題標籤，用於譴責性侵犯與性騷擾行為；中文也稱為「#我也是」，在此以常用的英文名稱呼。

（Matt Lauer）、美國著名新聞主播查理・羅斯（Charlie Rose）等，他們在承認自己做錯了之後，過沒多久便像受夠被懲罰的小孩一樣，堅持社會大眾應該准許他們回到聚光燈之下。

《時代》報導了路易・C・K的醜聞，指出他喜歡在未經女性同意的狀況下，在她們面前手淫。這篇報導刊登一個月之後，美國演員麥特・戴蒙（Matt Damon）表示：「我認為他至今付出的代價，遠超越任何事物。」

路易・C・K承認犯錯之後，過了一年，他走上喜劇地下室（Comedy Cellar）[33]的舞臺，觀眾立刻為他的驚喜回歸起身鼓掌。

沒多久後，他在另一次的節目中取笑亞洲男性，說了像是「他們是長了巨大陰蒂的女人」、「猶太死玻璃」和「變性的智障（retard）[34]男孩」等不當話語。當他注意到有些觀眾顯得不太舒服時，便說：「操，不然你們還要從我這裡奪走什麼？我的生日嗎？我的人生早就完蛋了，我還在乎個屁。」現在路易・C・K的脫口秀門票，仍會在開賣的數小時內售罄。

至於羅斯，是傑佛瑞・艾普斯汀（Jeffrey Epstein）[35]很親近的朋友，他被三十多名女人指控性騷擾後，立刻承認自己做錯了事，並退到鎂光燈之外，他的律師則說，他的不當行為只是日常工作場所中的互動與玩笑。

霍肯伯里則是公共廣播電臺的明星，被指控性騷、霸凌多位女同事，而後他在《哈潑雜誌》（*Harper's Magazine*）寫了一篇名為〈放逐〉（*Exile*）的文章：

因為你是一個被誤導的浪漫主義者、生在錯誤的時代、接受一九六〇年代性革命的錯誤暗示，或是身患殘疾、在十九歲時就不舉……這些全都不是對女人做出冒犯行為後，能用來辯解的藉口。

但是，若我受的刑罰不只是強制休假，而是一輩子失業，會使我的孩子受苦、使我的經濟狀態一蹶不振，這算是恰當的後果嗎？我再也不能應用我花上數十年，辛苦培養的專業素養，而社會真的能夠因為這個懲罰，而朝真正的性別平等多邁出一步嗎？

再來，史貝西被三十多名男性指控性騷與性侵，有些指控者受到傷害的時候還未成年。一開始，史貝西對第一位指控者安東尼．瑞普（Anthony Rapp）表達他「由衷的」歉意。

一年後，他在YouTube上傳了一支影片〈讓我當法蘭克〉（*Let Me Be Frank*）[36]，在影片中扮演影集《紙牌屋》（*House of Cards*）的主角法蘭克．安德伍（Frank Underwood），對觀

33 位於紐約曼哈頓，許多紐約的頂尖喜劇演員都會在此演出，被視為美國最好的喜劇俱樂部。

34 雖然此字原為醫學術語，指智能障礙（Mental Retardation），但近年多被視為一種仇恨言論，等於沒有考慮到該字對心智障礙者帶來的痛苦，暗示社會對心智障礙者的排斥。

35 美國億萬富豪，在二〇〇二年至二〇〇五年間，至少性侵數十名未成年少女，年紀最輕僅十四歲。

36 同時帶有「恕我直言」的雙關意思。

眾說：

我知道你想要什麼……我向你展現出，我有能力做到什麼事情。我的誠實，使你感到震驚，但最重要的是，我挑戰了你，也讓你深思。就算你知道你不該信任我，你還是相信了，所以，無論其他人怎麼說，我們之間的事都還沒完結，而且我知道你想要什麼，你想要我回歸。

這部影片的觀看次數超過一千兩百萬次，獲得的讚數超過二十八萬個。這些男人不否認指控，也不否定自己傷害了他人，他們拒絕的是受到懲罰。

專欄作家蜜雪兒．高德柏格（Michelle Goldberg）在《紐約時報》中寫道，#MeToo 運動使許多男人陷入困境，她感到很遺憾。她說，令她感到遺憾的並不是溫斯坦那樣的惡人，而是擁有的權力較少、惡意稍低的男性，過去周遭的人一直默默接受他們的噁心行為，但現在情勢突然逆轉了。

高德柏格表示：「我難以想像若身邊的規則突然出現了這麼快速的改變，我們會感到多麼迷失。」

其實，有不少女性主義者主張類似觀點，認為社會規則快速變遷，導致男人因過去被准許的行為而受到懲罰。不過，這樣的看法似乎在暗示，這些男性一直到最近才開始支持父權意識形態（ideology）[37]，因此，**許多男人根本無法分辨調情和性騷擾、挑逗和拒絕、性和強暴之間的差異**。

激進女性主義者麥金儂在三十年前寫道：「女人每天都在被男人侵犯，這些男人完全不知道，自己的行為對女人而言代表了什麼意義。對女人來說，這就是性。」

一九七六年，英國男子約翰·科根（John Cogan）強暴他朋友麥可·利克（Michael Leak）的妻子後，被宣判無罪。

利克在強暴案發生的前一天晚上，喝醉酒回家後，因妻子拒絕給他錢而毆打她；隔天他在酒吧告訴科根，他妻子想與科根上床。兩人離開酒吧並前往利克家，利克告訴他妻子（一名二十出頭的瘦弱女子）科根要跟她上床，並警告她不准掙扎。

接著，利克脫掉她的衣服，把她綁在床上，邀請科根進來。科根看著利克和妻子性交，接著他自己也跟她性交。在科根完事之後，利克又再次與她交媾。直到最後，這兩名男子又回到酒吧。

37 泛指個人或群體所持有的，關於社會運作方式的思維模式。

法院裁決指出，由於科根發自內心的相信利克的妻子自願跟他性交，所以他沒有犯下強暴罪的意圖[38]。

社會大眾常認為，從廣義上來說，#MeToo運動容易創造出科根遇到的狀況。父權主義在性與兩性關係的概念上，欺騙男人哪些事可以做、哪些事不能做。如今，女人執行了一套新規則，男人則因為犯下純真的錯誤，而受到不公正的懲罰。

或許這些新規則是正確的，而舊規則無疑也造成了許多傷害，但是，在新的規範出現之前，男人怎麼會知道這種事？在他們的心中，他們無罪，所以應該也有立場要求無罪判決，不是嗎？

有多少男人真的沒有能力，區分想要與不想要的性行為、可接受的與「噁心」的行為、得體的與墮落的舉止？科根難道沒有能力看出其中的差別嗎？

他在法庭上承認，他和利克的妻子性交時，對方一直哭著想要逃離。他有沒有想過，要在性交前或過程中開口詢問，她是否真的想要這麼做？難道他無法在那一刻，靠著他的過去經驗、人生經歷及良知，辨別床上這名害怕的女人發出的哭喊是真的，他應該有所回應嗎？

難道路易．C．K絲毫不認為，那些看到他手淫的女人會感到不快？那麼，為什麼他在詢問另一名女人能否在她面前自慰，並被拒絕之後會臉紅？他為什麼會覺得，自己應該向這名女人解釋他「有心理問題」呢？

女人一直以來生活的世界，皆由男人創造、由男人主導；不過，在這個男人生活的世界中，周遭的女人也一直在反抗這些規則。

在人類歷史中，女人的反對意見大都是個人且不具系統性的，包含退縮、掙扎、離開、放棄。一直到近年，這些反對意見才開始以組織化的方式，出現在眾人眼前。

有些人堅持，男性是因為他們所處的位置，而無法了解真正的對錯，但這些人其實是在否認男性一直以來看到與聽到的事物。男人選擇了不去聽，是因為不聽對他們來說比較方便、陽剛氣質制定的規範把享樂放在優先順位，而且周遭的男人都是這麼做的。那些已經改變或正在改變的規則，並不會對性方面的對錯產生太大的影響，畢竟女性已經花了非常久的時間，用各種方法告訴男人性的真正對錯為何。

對於路易．C．K、羅斯、霍肯伯里等人來說，真正改變的規則是，他們再也不能在貶低女人的身分的時候，同時無視她們的呼喊或沉默，他們再也不能自信滿滿的認為，這麼做不會有任何後果。

38 利克因協助與教唆強暴而被定罪，但從法律的觀點來看，並沒有試圖強暴或發生強暴行為；他也沒有因強暴妻子而被起訴，英國上議院（英國國會的上議會）一直到一九九一年，才推翻「不可能婚內強暴」的看法。

網路制裁，是權力低下者的少數發聲方式

那麼，後果應該是什麼？

在論及性侵犯的合理處置時，女性主義者有很多可以提出的疑問，並且必須一起試著找到解答。這些男人應該被懲罰嗎？若答案為肯定，那要懲罰其中的哪些男人？要用什麼方法？又或者，事實正好相反，說不定和解與矯正等非懲罰方式，才能帶來更大的益處？

許多女人渴望看到性侵者被威脅、剝光、嚇壞，或許這種渴望，並不只是源自這些男人對女性所做的事情，也來自好幾個世代之前，男性的所作所為。

美國網路新聞媒體公司BuzzFeed，於二〇〇七年發表「媒體業的爛男人清單」（Shitty Media Men list）之後，記者珍娜・沃特翰（Jenna Wortham）在《紐約時報》寫道：

> 在那份清單曝光的頭幾個小時，在我們仍覺得這份清單，是屬於女人的祕密的那幾個小時，我覺得自己的一言一行全都變得不一樣了。我覺得空氣中的能量改變了……一位朋友把這種感覺比作驚悚電影《V怪客》（*V for Vendetta*）的最後一幕。她喜歡把女人看成數位私刑者（digital vigilantes），也樂於知道男人因此感到害怕，我也一樣。我希望每位男性都能收到警訊，想要他們知道，女人站出來發聲了，他們如今也變得易受傷害。

當這個監禁化國家的權力變得過於巨大：訴訟時效已經過了、只有女方的證詞、男方的行為沒有達到犯罪門檻、男人的權力使他們變得不可戰勝……女人便把目標轉向更加分散、由社群媒體提供的懲罰權力。

有些女人認為，這種權力稱不上是懲罰，因為在網路上揭露騷擾者和縱容騷擾者的人，只是一種發言形式，而且，這是權力相對低下的人，少數能使用的發聲方式。

但這並不是真的，沃特翰使用數位私刑者一詞，便表達得很清楚。在推特（Twitter）上指名某人、流傳有某名字在內的清單、發表文章描述某人如何毀掉約會，這些行為或許和報警不一樣，但**在現代社會中，不是只有實際行為才會使人們被開除，社會大眾的憤慨之情也能達到同樣的效果**，也確實有些人因此被開除。由此可見，這些作為並不只是一種發言（當然，有些女人很清楚這件事，也很樂意運用這種影響力）。

當數千名獨立個體的分散式意見，匯集成共同的聲音時，這個聲音就有權力揭露、羞辱與唾罵他人。對多數人來說，一則推特只是浩瀚汪洋中的一滴水罷了，在評論、引戰言論和貓咪迷因（meme）[39]構成的噪音中，一則推特，只不過是無關緊要的附加物。

39　一夕之間在網路上被大量宣傳、轉載，一舉成為備受注目的事物。

但有時候，一則推特將使我們成為重大事件的一部分，甚至可能鼓動了嚴重事件的發生，而這個事件，將造成物理上與心理上的傷害，而且這個後果，有時會超出我們預期或計畫，甚至會變成我們想要的後果。

當然，你可以說，你不是刻意的，你只不過是眾多貢獻者的一員，其他人不該把你發表的這些話，當成後續事件的成因，但是這些解釋算得上是充分的理由嗎？

當女性主義者指控色情片業者，不但用色情片描述女人在性方面受到的次等化，還賦予社會權力來進行這種次等化時，色情片業者一直使用上述這些解釋作為抗辯，那麼，身為女性主義者，我們是否該擔心這件事？

女性主義者應該堅稱，發布到網路上的文字不可能對他人造成傷害嗎？還是應該相信，儘管這些文字會傷人，但沒有倫理和政治上的後果？女性主義者要否認，儘管有些人的聲音缺乏權力，但若將這些聲音集結起來，將變成無比強大的力量嗎？我提出這些疑問，並不是想誇大這些問題。有太多男人的糟糕行為或犯罪行為，在網路上公開後，根本沒有任何嚴重後果。

而且，我們可以合理推測，還有更多男人的行為至今尚未被揭露。在媒體業的爛男人清單中，有十七位男性曾被無數匿名女性指控性暴力，但其中只有幾位面臨就職方面的制裁；他們被迫辭去工作，或從此禁止在特定出版業服務。

不過，沒有人因而必須躲躲藏藏，其中一人還光明正大的和伍迪．艾倫共進午餐，兩人在用餐期間討論，他們如何遭女性主義者迫害。

溫斯坦被判處二十三年有期徒刑後，許多女性主義者在推特上歡欣鼓舞的慶祝，但實際上，這項判決是許多人流血流汗才換來的，其中包括獲得一項普立茲獎（Pulitzer Prize）[40]的新聞調查、一次病毒式傳播的社會運動、一百多位站出來發聲的女性、六位出庭作證的女性。然而，到了最後，溫斯坦只被判了兩個罪名：三級強暴罪與不法性侵害罪。

可是，若我們的目標不只是懲罰在性方面占優勢的男人，而是要終結這種優勢，那女性主義就必須提出許多女性主義者寧願避開的問題，像是：針對貧困階級與有色人種的過度監禁，能帶來性的正義嗎？正當程序、無罪推定等概念，是否該應用在社群媒體與公開指控上？懲罰能推動社會改變嗎？我們要付出什麼，才能真正轉變父權主義的心態？

是你讓我變興奮的，所以你得完成

在二〇一四年，位於美國東北部的麻薩諸塞大學阿默斯特分校（University of Massachusetts

40 表彰對美國國內在報紙、雜誌、數位新聞、文學及音樂創作等領域成就的獎項。

at Amherst）的大三生卡瓦德沃・邦蘇（Kwadwo Bonsu）遭指控，在校外的萬聖節兄弟會派對上性侵一位同學。

指控者表示，她和邦蘇當時一起廝混、聊天、抽大麻，然後他們開始接吻，以下是她對接下來事件的描述：

> 我們越來越激烈的接吻，後來我挪動位置，跨坐在他身上。雖然因為抽大麻，我變得很茫，但我還是意識到他可能想要跟我發生性關係，所以我告訴他：「我不想做愛。」他則回應：「我們不一定要做愛。」
>
> 我把手往下移動到他的胸前，然後摸到他的褲子裡，這時，他叫我把燈關掉。我試著站起來，往電燈開關移動，但我覺得很難移動身體。後來他去關了燈，接著我們繼續親熱……他站起來，坐到床上，所以我也跟了過去。
>
> 我跪下來替他口交，這時，我的舌頭接觸到一個腫塊；我把嘴巴移開，但繼續用手幫他打手槍，這時我才意識到我有多茫。我說：「我覺得不太舒服。」他沒有做出有意義的回應。
>
> 因為我覺得是我讓他興奮起來的，在這時候退縮很不好，所以我覺得自己好像得先得到他的允許，才能離開。我手上的動作慢了下來，然後說了大概像這樣的話：「嗯，我覺

得不太舒服……我現在真的很茫，而且不太舒服，我覺得我需要離開這裡……。」他往後坐，我們又親了幾下。

之後我站了起來，再次喃喃自語的說：「嗯，我想走了。」他回答：「嗯，你剛剛有說過，但我應該再花兩分鐘，說服你留下來。」我一笑置之，他站起來，我們再親了幾下……最後，我做出意圖離開的動作，他則開玩笑的抓住我的手臂，把我拉回去繼續接吻。

我發出一些只對我自己來說有意義的聲音……他又把我拉回去接吻了幾次。過程中我的衣服沒有被脫掉，之後，我整理了一下衣服，他則詢問要不要交換電話號碼。我們交換號碼後，我便回到走廊上。

這名女學生是宿舍舍長，她會為其他學生提供諮商，她說：「我在這時回想起之前接受過的舍長訓練，才意識到自己被性侵害了。」她解釋道，雖然她知道自己隨時可以離開，但是麻州大學的學生普遍認為，當女人和男人發生性關係時，女人應該要有始有終，不能中途改變心意。

她接著表示：「我想要完整承擔我在這件事情上的參與責任，但與此同時，我也意識到我覺得自己被侵犯了，我認為這件事不正確，我應該為自己與其他人，要求他負責。」

事情沒過多久，這名女學生便向麻州大學的院長與阿默斯特鎮警方指控邦蘇性侵，而警方在調查後拒絕起訴。根據助理院長和指控者的開會筆記顯示，邦蘇沒有開口要求口交，也沒有用肢體動作要求口交，但指控者認為她應該要為他口交。

麻州大學為這個案件安排了聽證會，並告知邦蘇他受到「暫時限制」，不可以和申訴者接觸，只能進入自己的宿舍，其他宿舍都不得進入，也只能在校內特定一間餐廳吃飯，亦無法進出學生活動中心。

一個月後，指控邦蘇的女學生向學校行政單位回報，邦蘇試圖在臉書（Facebook）上加她好友。於是，麻州大學規定邦蘇只能在上課時間進入校園。

最後，邦蘇因為壓力過大而飽受肺炎所苦，經歷了一次精神崩潰後，搬回馬里蘭州和身為迦納[41]移民的父母同住。麻州大學在邦蘇缺席的狀況下，舉辦了聽證會，最後判定雖然性侵指控無罪，但他在臉書上送出交友邀請這件事有罪。

校方規定邦蘇在畢業前皆停學，亦永久禁止他在校內居住，並要求他接受心理諮商。邦蘇離開麻州大學後，其律師控告學校表示：「為了不實的指控……判定邦蘇停學的決定是專斷、不公、錯誤、刻意、歧視、令人無法容忍的……學校因此侵犯了聯邦公民權利。」後來雙方在二〇一六年達成和解，但沒有公開和解金額。

邦蘇在他對學校的訴訟案中指出，那些性侵指控並非事實。從某種意義上來說，這樣的措辭具有誤導性，因為他曾承認女方描述的狀況都確實發生過；但是，至少依照麻州大學和麻州政府的判斷，目前這些行為都算不上是強暴[42]。

而這個案件的指控者則堅持，邦蘇並沒有強迫她做任何事，她說「不要」的時候，他都有停下來，而且所有性行為都是她起頭的，女方並不感到害怕，也知道任何時候都能停下這些行為，她多次表示想要繼續兩人的行為。不過，這段過程中發生的一些事，使她認為事情不太對，她覺得自己「被侵犯了」（violated）。

根據美國教育法修正案第九條（Title IX）規定，美國大學校園禁止性別歧視，許多女性主義評論家，包括法律教授珍妮特・哈雷（Janet Halley）、評論家蘿拉・吉普妮斯（Laura Kipnis）與韓裔美籍法學家石智英（Jeannie Suk Gersen），皆用邦蘇這樣的案子當成證據，指出日常生活中的性互動，如今受到歇斯底里的道德準則及法規的過度干預所害。

石智英與丈夫雅各・格森（Jacob Gersen）把這種過度干預稱作性官僚（sex bureaucracy）。這對夫婦寫道：

41 非洲西部的國家。

42 美國有數個州仍使用武力威脅來定義強暴，而非以是否合意；根據麻州法律，強暴指的是和他人性交或進行非常態性行為時，利用武力違反對方意願、逼迫其就範，或利用身體傷害的威脅逼迫對方就範。

> 破壞保護程序與擴大不同意的概念，這兩件事代表的是，官僚體系會調查與懲罰男人與女人一致同意（或許非理想）的性行為。最後帶來的結果，不是性暴力或性騷擾的官僚體系，而是性的官僚體系，其執行焦點已遠遠偏離實際推動此體系的真正錯誤與傷害……性官僚規範的是普通的性，不利於實際解決性暴力的問題，而且不幸的是，這個體系會損害我們為了打擊性暴力，而付出的合法努力。

事實上，在近幾十年，美國大學已經為了處理學生的性，而發展出了一套精巧的行政結構。學校設計這些結構的主要目的，不是保護學生不受性暴力傷害，而是保護學校免於涉入法律訴訟、避免名聲損害並確保政府不會撤回聯邦基金。

所以，對於許多大學性官僚體系的失敗，我們也不必感到驚訝。許多遇到性侵害的女學生，都被建議不要報警，但最後她們卻發現，校方無法讓肇事者負責。還有一些案例則像邦蘇的狀況一樣，使男性在缺乏正當程序的保護下，受到了推定的懲罰。

前美國最高法院大法官露絲．貝德．金斯伯格（Ruth Bader Ginsburg）曾表示，我們確實該批判某些大學的行為守則沒有提供適當的機會，讓被指控者為自己發聲，她說：「每個人都應該獲得一場公正的公聽會。」

但是，若我們把麻州大學發生的事情當作「普通的性」，或是取自石智英夫婦的話，當成只是一場矛盾、不受渴望、不愉快、不清醒或後悔的性，那針對教育法修正案第九條的批評，又把這些事情想得太簡單了。為邦蘇手淫的女性，並不是真的想要這麼做，又或是，她一開始想要，但接著又不再想要了。她提出來的理由，是如今太多女孩與女人同樣持續提出的理由：**因為使男人變興奮的女人，應該有始有終的完成這件事**。

無論邦蘇自己有沒有這種期待，都不是重點，而是許多女人早就已經把這種期待內化。當一名女人不再想要性行為時，她往往會繼續做下去，**雖然她清楚知道自己可以直接離開，但她也知道，這種舉動將使她成為撩起男人性慾，又不讓對方抒發的笑柄**，她會被男人輕視。這種行為，遠比矛盾、不愉快和後悔還要複雜得多。

此外，這種現象還具有一種強制性，或許並不是由邦蘇直接施加的強制行為，而是人們對不同性別的性期待，所形成的不成文規範。有時候，違反這些期待的代價相當高，甚至有可能致命，這就是為什麼普通的性，和性侵害的實際錯誤與傷害有所關聯。

從統計層面來看，麻州大學發生的事情很可能只是一個普通事件，也就是每天都在發生的事，但從倫理層面來看，這種事情並不「普通」，也就是說，我們不該不置可否的忽略這件事。從倫理層面看來，這是我們全都太過熟悉的異常現象。

但是，如果我們像許多女性主義者一樣，把這個事件稱作強暴的話，究竟誰會受益[43]？

是否為合意性交，看你有沒有獲得積極同意

二〇一四年，加州州長傑瑞・布朗（Jerry Brown）在女性主義擁護者的支持下，簽署了SB 967法案，又被稱作「說是才算同意」（Yes Means Yes）法案。

此法案明文規定，所有接受加州政府資金，提供學生經濟補助的學院與大學，在評斷性行為是否為雙方合意時，都必須採取「積極同意」的標準，內文寫道：

> 積極同意代表積極、清醒、自願的同意要參與性行為。參與性行為的每一個人，都有責任要確保自己取得其他人對於參與性行為的積極同意。不反對與不反抗，並不代表同意，沉默同樣不代表同意。
>
> 性行為的整個過程，都必須為積極同意，而積極同意可以在任一時間點中斷。無論性行為的參與者之間，是否為約會關係，或曾有過性行為，都不可以因此假定其他參與者會因而同意。

在SB 967成為法規後，記者伊茲拉・克萊恩（Ezra Klein）在新聞評論網站Vox上撰文，指出該法案使人們對日常性行為充滿疑慮，對於哪些行為才算同意感到恐懼與困惑。他接著

說，但是，在大學校園中的日常性行為必須被顛覆，男人得在開始性行為之前，感受到冰冷尖銳的恐懼……醜陋的問題，並非總有漂亮的解答。

SB 967 能解決加州大學的問題嗎？答案取決於你覺得問題是什麼。如果問題在於男人和女人性交前，沒有先確保對方積極同意的話，那積極同意或許會是一個有效卻「不漂亮」的解決方法。

但是，如果問題出在更深的層面——心理社會結構上，而這種結構使男人想要性交的對象，是不想性交的女人，或使男人覺得，他們的責任就是克服女人的反抗，以致女人覺得她們必須和不想性交的對象上床，那麼，SB 967 這類法案能達到的成就，將變得沒那麼明確。

正如麥金儂曾指出，積極同意只不過是移動了法律上的「可接納性交」之標竿。過去男人必須在女人說不要的時候停下來，如今，他們只要誘導女人說出好這個字就行了。我們要如何制定法規，才能禁止這種由父權主義製造出來的性？這個問題會這麼難回答，會不會是因為，想解決這道難題，法律並不是最適合的工具？

---

43 麥金儂在論文〈重新定義強暴〉（*Rape Redefined*）中寫道：「性別是不平等的，當人們在性關係中，把性別當成一種權力與強制的形式來利用時，就會產生強暴。」

讓我們假設SB 967這樣的法規，可以利用特定男人來殺雞儆猴，並藉此改變其他男人的性交方式，即便如此，女性主義者應該全心接納這樣的可能性嗎？如果麻州的標準是積極同意的話，邦蘇就等同確實犯下了性侵罪，之後可能必須退學。

如果邦蘇居住的州，在強暴法中採用的是積極同意的標準，如紐澤西州、奧克拉荷馬州或威斯康辛州，那他有可能會被起訴、逮捕、定罪並入獄。邦蘇是被白人女性指控的黑人男性，所以有非常高的可能性會這麼發展。

大學的準法規機制，已經毀掉邦蘇的人生了。這是指控者完全不希望出現的結果，在指控者向大學提出的聲明中，她指出：「由於這個事件處於灰色地帶，所以校方對邦蘇的懲罰應該盡量溫和。」

但是，如果她確實希望校方嚴厲懲罰邦蘇，如果她覺得男方被判有期徒刑，會讓她感到比較安全、回到更加健全的狀態的話，女性主義者應該忍受這種代價嗎？

我並不是在說，女性主義者不可以要求男人變得更好，因為我們絕對應該要求男人變得更好。但是，值得我們支持的女性主義，必須找到方法，在要求男人的同時，避免再次重現舊有的犯罪與懲罰模式，因為這些模式，只會帶來轉瞬即逝的滿足感與可預測的代價。

我想說的是，值得我們支持的女性主義，必須期待女人變得比男人更好、更公平，也更有想像力，而且這樣的期待並不是史無前例。

但是，這並不是光靠女性就能達成的事。談論在 #MeToo 運動中被揭露惡行的男人時，最令人震驚的是，他們從頭到尾都對於成為更好的男人毫無興趣。霍肯伯里在《哈潑雜誌》的那篇文章中指出，他並不支持已經被揭露的狂熱分子，也否認自己是在捍衛父權主義，並說他全心全意支持性別平等。

與此同時，他也抱怨「傳統浪漫愛情」的終結，他把自己對員工的口頭騷擾與肢體騷擾，描述成試圖求愛時出現的怪異、不適當又失敗的舉動，責怪美國在社會進步主義和性禁慾主義的矛盾融合，還把 #MeToo 運動比作恐怖統治，哀嘆自己貢獻了一輩子的時間服務大眾，社會卻沒有為他辯護。

除此之外，他還猜測美國基進女性主義者安德莉雅．德沃金（Andrea Dworkin）會不會願意成為他的朋友，說「她會願意把我當成一個缺乏陰莖又半身癱瘓的男性好兄弟嗎？」，接著又把自己比喻成小說角色蘿莉塔（Lolita）[44]——一名十二歲的強暴被害者。

但在這片廣闊的文本沃土中，他沒有找到任何角落來思考，他自己的行為對那些受到傷

44 俄美作家納博科夫（Vladimir Nabokov）的著作《蘿莉塔》（*Lolita*），一名中年男子瘋狂愛上一名十二歲的女孩，成為她的繼父後，和這位女孩有性關係。

害的女人造成了什麼影響。整篇文章中都沒有出現傷害和損害兩個字眼，痛苦相關字眼則出現了六次，霍肯伯里把這些詞語，全都拿來描述自己和孩子的感受。

美國作家賈．托倫蒂諾（Jia Tolentino），把這類型的文章稱為「我為自己的行為負責任的時光」。曾被二十多名女人指控暴力性侵與性騷擾的戈梅西，也為此類文章做出了貢獻，他在《紐約書評》（*The New York Review of Books*）中描述自己在受到公眾羞辱之後，就像是上了「同理心的速成班」一樣。

但是他同理的對象並不是他性侵和性騷過的女人，而是像他一樣的男人，他說：「我對幸災樂禍者產生了一種全新、不可動搖的厭惡感……我開始以嶄新的方式看待那些公開受到攻擊的人，就算是我打從心裡認同的人也一樣。」高德柏格則寫道：「我為這些數量眾多的男人感到遺憾，但我不覺得他們會為女人感到遺憾，我覺得他們根本不會花費時間，思考這些女人的遭遇。」

他們受到羞辱卻為人所愛，他們的人生毀滅了，生活卻依然富裕，他們看似再也不會被任何公司僱用，但他們總有一天仍會順利就業。

這些人是 #MeToo 運動中的失敗者，雖然他們和支持他們的人說，他們是無辜的，同時不斷指責社會動用私刑，但**他們如此氣憤難平，並不是因為女人提出不實的指控，而是在氣這些指控揭開了真相**。

他們會生氣，最主要的原因是他們說了對不起之後，事情卻沒有好轉，還有，不僅女性希望他們改變，賦予他們權力的這個世界，也希望他們變得更好，但他們可能會先大吼一句：

「你知道我是誰嗎？」

第二章

A 片讓男人以為，女人說「不」時，你要當成「好」

色情作品（pornography）扼殺了女性主義嗎？或許我們可以用這句話，來描述一九六〇年代晚期出現的美國女性解放運動。

該運動一開始，充滿了狂喜的情緒與遠大的目標，但接著，卻在短短的一個世代內四分五裂，變得破舊磨損。

關於色情作品的爭論，如色情作品是父權主義的工具，還是對性壓迫的一種反抗、將女性次等化的技術，還是自由言論的實踐等，在美國的女性解放運動中占據了很大的位置。從某種程度上來說，英國與澳洲的女性解放運動也遇過同樣的狀況，而接下來，這種爭論將使女性解放運動開始分裂。

於一九八二年四月，一群女性主義者在紐約舉辦如今被稱作巴納德性會議（Barnard Sex Conference）的研討會。該研討會的主題是女人的性愉悅、選擇與自主性。

人類學家兼女性主義學者卡洛爾・凡斯（Carole Vance）在研討會的概念文件〈關於性政治〉（*Towards a Politics of Sexuality*）中指出，性知識的領域既充滿限制、壓迫與危險，同時富含探索、愉悅與決策權。

大約有八百位女性主義學者、學生與社運分子，參加研討會的演講與工作坊，主題包括色情作品與女性受害者的建構、政治正確與政治不正確的性，以及性慾的禁忌等。

其中一位主辦人，在《性研討會的日誌》（*Diary of a Conference on Sexuality*）中寫道：

「許多女性主義者，因為反色情作品運動在學術上的不誠實（intellectual dishonesty）與枯燥乏味，而感到震驚。」而這場研討會就是為這些女性主義者，所舉辦的初登場派對（coming out party）。

《性研討會的日誌》，是他們拿來分發給與會者的簡陋小誌（zine）[1]，裡面包含了批判性文章、詼諧的反思、閱讀建議與清楚的性行為示意圖。

在研討會開始的前一週，反色情作品的女性主義者用電話大量轟炸巴納德的管理者與理事，抱怨這場研討會的規畫人都是性變態。

雖然巴納德的主席艾倫．弗特（Ellen Futter）准許會議繼續舉辦，但在這之前，她詳細詢問了多位主辦人員，而後宣布《性研討會的日誌》是色情刊物，沒收了一千五百份複印本。

反色情作品的女性主義者，穿上寫有標語的上衣參加研討會，正面寫著「為了女性主義的性」，背面則寫著「反對S／M」，他們發放傳單，指責這場研討會不但支持色情作品與性施虐受虐傾向（sadomasochism，簡稱SM），而且還支持父權主義與虐待兒童。

其實，最後一項指控並非毫無根據，把研討會稱為初登場派對的那名主辦人，在《性研

1 獨立、非大量的印刷品，類似於雜誌，但比雜誌更具彈性、更自由。

討會的日誌》中寫道：「我能理解位處前線的人，為什麼要針對色情作品與SM爭執，但我無法理解為什麼要爭論男人與男孩之間的性關係！」

在主辦人終於重印了這本小誌之後，德沃金拿出該小誌的相片副本，配上一封隨函，裡面寫道：「惡劣的反女人與反女性主義者。」

當時的女性主義期刊《釋放》（*off our backs*）被譽為最接近報紙的女性主義運動紀錄刊物，而《釋放》在一九八二年六月號的期刊中，使用大量版面抨擊這場研討會，觸發了如風暴般的大量憤怒回覆。

巴納德的主辦人員回憶道，在開始研討會時，有一種獵巫與肅清的麥卡錫（McCarthyite）[2]氛圍，並指出巴納德女性中心（Barnard Center for Research on Women）失去了這一系列研討會的贊助。由此，我們可以發現，巴納德與其造成的後果，加深了美國運動本就傷痕累累的分裂狀況。

一九八六年，位於麻州的女子神學院曼荷蓮學院（Mount Holyoke College）舉辦了一場研討會，主題是女性主義、性與權力，而這場研討最後演變成一場「會戰」，其中一位主辦人員說：「有些講者不願意避開有關色情作品與SM的話題……他們用非常惡毒的態度對待自己的姊妹。」

一九九三年，一群反色情作品的女性主義者，寫了一封信給澳洲國立大學（Australian

National University，簡稱ANU）的校長，要求校方撤銷先前對「擁性」（pro-sex，性積極、性解放之意）的美國女性主義者的邀請，受邀者包括人類學家蓋兒・魯賓（Gayle Rubin）和凡斯。

這封信件的其中一位簽署者是希拉・傑佛瑞斯（Sheila Jeffreys），她是英國女性解放運動中，革命派女性主義者（revolutionary feminist）的核心人物；此派女性主義者和當時的主流社會主義女性主義者抱持相反意見，他們認為女性受到壓迫的基礎並非資本主義，而是男性的性暴力。

近年來，傑佛瑞斯把社會上對她這一類女性主義者的批判，稱為排除跨性別行為（trans-exclusionary，簡稱排跨）。傑佛瑞斯顯然並沒有意識到其中的諷刺，她反對的這種戰術，正由她和其他反色情作品的女性主義者，在四十年前所開發。二〇一一年，曾在巴納德研討會主持工作坊的魯賓寫道，她至今仍在調適出席研討會帶來的恐懼感。

2 指麥卡錫主義（McCarthyism），用不充分的證據公開指責對方政治上的不忠或顛覆，或用不公平的調查或指責來打壓反對人士。

色情作品是理論、強暴則是實踐

對生活在現代的我們來說，這些行為看起來可能有些奇怪，甚至不太適當。他們鬧得這麼大，就只是為了色情作品？從實際操作面與技術面來看，網路已經為我們解決了色情作品的問題。

在過去的年代，色情作品代表的是藏在書櫃上的雜誌和成人電影院，這些東西有具體的存在地點，原則上來說都可以收納，因此，女性主義者會考慮有沒有機會廢除色情片，是很自然的事。但在如今這個時代，色情作品無處不在、唾手可得，廢除色情片已經完全轉變成另一回事[3]。

請別忘了，對於前一個世代的女性主義者來說，色情作品普遍都是「有問題」之性愛的轉喻，這些有問題性愛，包括不考慮女人是否愉悅的性、施虐受虐性行為、性交易、強暴幻想、沒有愛的性、權力差異之下的性、和男人的性等，所以，當時的色情作品戰爭會如此強烈，其實很容易理解。

因此，**色情作品不但變成許多人在爭論政治時，時常提起的話題之一，也變成兩種互相衝突的性觀念，用來轉移注意力的避雷針。**

反性（anti-sex）的觀點則認為，我們都知道性是一種父權結構，也是一種性別不平等的性慾表現，在男人與女人之間的關係尚未變革之前，性之中不會有真正的解放。

簡而言之，就算從最好的角度來看，唯有分離主義、女同性戀關係和戒慾（abstinence），才是解放的唯一選擇。

從擁性的觀點來看，女人若想獲得自由，社會必須保障女人的選擇權利，她們要在何時用什麼方式（在另一方的同意下），和她們屬意的人性交，並且不會被汙名化或羞辱。許多支持女性主義的女人都發現，自己身處於這兩種極端的中間，這是理所當然的；舉例來說，她們想要大力反對在她們眼中，視為由色情作品推動、廣為流傳的強暴文化（Rape Culture）[4]，同時又要把強暴和想要的性區分開來。

雖然現代女性主義在很大程度上，採用了擁性的觀點，也就是堅持女人擁有性愉悅的權利，唯有雙方同意的性交才是可接受的性交；但是，也有不少女性主義者受到較老派且謹慎的性方法吸引。在他們看來，性需要再次經過革命性的轉變。從這個觀點看來，導致色情作品戰

3 其實，只對這個世界上的半數人來說，色情作品無所不在又唾手可得，另外半數人則無法使用網路；雖然按照絕對數值來說，中國和印度的網路使用者最多，但以百分比來看，這兩個國家分別占了五四%和三〇%，在阿富汗，網路使用者有一〇%，剛果民主共和國為六%。

4 整體社會對強暴事件的發生，多責怪受害者勝過於譴責強暴者，要求被害者自我檢討，而非撻伐強暴者的暴行。

爭開始的憂慮之情，仍舊存在於你我之間。

但是，雖然整體而言，色情作品戰爭的重點在於性，不過也有很大一部分的重點在於色情作品本身，也就是那些放在櫃子上方的雜誌、成人用品店，以及在某些劇院上映的色情電影。

女性主義者在一九六〇年代晚期，開始對色情作品進行第二波抗議。一九六九年春天，多間唱片公司在ＦＢＩ的施壓下，開始撤回他們刊登在地下報紙中的廣告。由於需要資金，這些報紙開始刊登色情作品與藥品的廣告，不過，當時的女性主義者，並沒有因為這些新左派組織利用性別歧視牟利而感到驚訝，他們一開始推動女性解放運動的很大一部分原因，就是要對這些基進派人士的厭女傾向（misogyny）做出回應。

一九七〇年，三十名女性占領了另類出版商格魯夫出版社（Grove Press）的行政辦公室，該出版社的老闆巴尼．羅塞特（Barney Rosset，他曾被雜誌《生活》〔*Life*〕描述為「販售淫穢作品的老頭」）曾積極宣稱自己有合法的權利，能出版英國作家D．H．勞倫斯（D. H. Lawrence）與美國文學大師亨利．米勒（Henry Miller）的「猥褻」作品，後來他變成色情片的大型經銷商。

到了一九七〇年代中期，女性主義受到越來越嚴重的文化反挫，女性主義者開始將色情作品視為父權主義的關鍵所在。格魯夫出版社員工羅賓．摩根（Robin Morgan）在一九七四年公開表示：「**色情作品是理論，強暴則是實踐。**」

一九七六年，女性主義者在洛杉磯灣區成立了第一個女性主義反色情作品團體，名為女人反對色情作品與媒體中的暴力（Women Against Violence in Pornography and Media，簡稱WAVPM），此團體的目標是終結任何為了性交和刺激性慾，而描述綑綁、強暴、折磨、傷殘、虐待或羞辱女性的作品。

同年，德沃金和其他基進女性主義者一起前往紐約，到一間放映《扼殺》（*Snuff*）的電影院外頭進行抗議。這部電影描述一名孕婦在阿根廷，被一位劇組人員謀殺與肢解，據稱內容全是真實畫面，《扼殺》的宣傳標語是：「只有南美才能拍的電影……這裡的人命很廉價！」

WAVPM後來又組成了一個團體，名為女人反對色情作品（Women Against Pornography，簡稱WAP），並以兩週一次的頻率「巡視」曼哈頓時代廣場上的情趣商店、窺視秀（peep show）[5]店家和上空酒吧。

《紐約時報》的一名記者在女性主義者蘇珊·布朗米勒（Susan Brownmiller）的帶領下，跟WAP去巡視過一次，這名記者說他們在巡視前，為了提升自我意識，還觀賞了一段幻燈片：「十多名女人站在小商店前面，面無表情的盯著螢幕，上頭閃過一個又一個被綑綁、毆打

5 透過一個小房間的窗戶付費觀看的脫衣表演。

和淩虐的女人。」但其實部分女性主義者後來坦承，雖然這些幻燈片應該要讓他們心生警惕、提升警戒心，但其實不少人看了之後，反而感到性興奮。

WAP的總部位於第九大道（Ninth Avenue，又名哥倫布大道），該空間由市長的市中心執法計畫（Midtown Enforcement Project）免費提供，政府還為此關閉原本占據此空間的空間，原本這是讓異性裝扮傾向者（transvestite）[6]與性工作者聚會的非裔南方食物餐廳。該執法計畫的執行者卡爾・韋斯伯德（Carl Weisbrod）表示：「色情作品的議題，顯然同時令這座城市與女性主義者深感擔憂。」

一九七六年，女人反對針對女人的暴力（Women Against Violence Against Women，簡稱WAVAW）於洛杉磯，針對滾石樂團（Rolling Stones）的專輯《遍體鱗傷》（*Black and Blue*）的廣告看板發起抗議，該看板上是一名被綑綁起來、滿身瘀傷的女人，旁邊標語寫著：「來自滾石樂團的『遍體鱗傷』——我太喜歡了！」

此後，美國與英國各地的WAVAW分部，如雨後春筍般出現。

一九八六年，女性主義者在英國發起反色情作品活動（Campaign Against Pornography，簡稱CAP），旨在遊說當地小報不要再刊登三版女郎（Page 3 girl）[7]的照片。紐西蘭的WAP團體則要求紐西蘭首席審查員辭職，因為他允許恐怖電影《我唾棄你的墳墓》（*I Spit on Your Grave*）上映，而該電影中有長達半小時的輪暴場景。

對於這個時代的反色情作品女性主義者來說，色情作品並不只是對於女人和性的厭女描述，而是一種精確的宣傳。

色情作品是由父權主義掌控的意識形態絞刑架，把男人對女人的暴力情慾、興奮與合理化，並加強男人壓抑女人地位的力量。正如麥金儂在她的反色情作品宣言《言語不只是言語》（*Only Words*）中所說：

> 這些作品傳達的訊息……是「搞到她」，目標是所有女人，而創作這些作品的作惡者，每年卻能因此獲得數百億美元，甚至更高的利潤。這則訊息直接傳遞到陰莖上，傳遞途徑是勃起，最後則在真實世界執行在女人身上。除了色情作品，還有其他事物也會傳遞相同訊息。色情作品的獨特之處，在於它本身就能實踐這則訊息。

若我們認為色情作品的作用，就是實現這則訊息的話，那我們就是認為色情作品不只描

---

6 簡稱異裝，指穿著在傳統的表達上，被視為屬於另一個性別的服裝。

7 拍攝半裸照片的女性模特兒，由於這些照片通常在《太陽報》（*The Sun*）第三版刊登，因而被稱為三版女郎。

繪這個世界的機制，更形塑了此機制。對麥金儂和其他反色情作品的女性主義者來說，色情作品是一種製造與複製特定意識形態的機制，這種意識形態會情慾化女性的不平等地位，進而使這種次等化成真。

這種分析方式堅持，色情作品具有形塑世界的力量，在這時期的黑人女性主義者的手中，這種分析被歷史主義化與種族主義化。

他們從過去人們在殖民主義與奴隸制度的脈絡下，對黑人女性身體的展示中，找到主流色情作品的模版，像是歐洲各地曾透過被稱為南非「霍騰托族維納斯」（Hottentot Venus）的莎拉．巴爾特曼（Sarah Baartman）[8]接近全裸的身體，來展現非裔女性高亢的性慾，此外，還有無數受到奴役的女人在拍賣會上被脫光衣服、戳捅與販賣。

因此，美國作家愛麗絲．華克（Alice Walker）寫道：「我們幾乎每次都能在黑人女性受到的色情對待中，看見現代色情作品的古老根源，是從黑人受到奴役開始的，黑人女性……隨著性與暴力的『合理』交會，變成了強暴的受害者。」

專門研究種族、性別與階級的美國學者派翠夏．希爾．柯林斯（Patricia Hill Collins），在她的經典著作《黑人女性主義者思維》（*Black Feminist Thought*）中寫道，她發現在色情作品中，白人女性受害者的前身幾乎都是混血的女性奴隸，她們被特別「育種」成非常神似白人女性的樣子，使人幾乎無法區分。

柯林斯描述：「這些女人的形象和社會，和強加在白人女性身上的形象很類似，她們美麗、缺乏性慾又純潔，但私底下其實是個熱愛性交的婊子，是『奴隸情婦』，隨時準備好要為主人提供愉悅體驗。」

她還指出，**主流色情作品正是從這樣種族歧視與性別化的實踐中，找到了女性的公認身分——矜持的蕩婦**。

如果色情作品代表的是人們對白人女性的身分，做出的攻擊，那它們絕對也包含了對有色人種女性的惡意；這些作品中，對待所有女性身體的方式都來自一種原始模版，而這個模版正是螢幕之外的人，在種族主義者與父權主義的凝視之下，物化有色人種女性的行為。

小孩當街問成人片女星：「我能幹你嗎？」

反色情作品的女性主義者，是否過於歇斯底里？他們是過於苛刻的老古板嗎？在這個網

8 在十九世紀歐洲，因在西歐不常見的身形體態，而在畸形秀（Freak Show）上被展出；其故事通常被視為種族主義、殖民剝削和黑人被去人性化、商品化的縮影。

路色情作品發達的年代，ＤＶＤ和錄影帶，只會被社會大眾戲稱為復古的懷舊情懷，更不用說雜誌的中間折頁和成人電影院了。

現在回過頭看，有些人可能會覺得，大力宣傳反色情作品的女性主義者，對於大眾文化過度擔憂，如今的大眾文化雖然對性更加開放，但也更能夠區分幻想與現實。

一九八三年，有幾位支持色情作品的女性主義者寫道，有些女性主義者對於父權主義之下的性感到緊張，他們覺得攻擊那些正在壓迫我們的形象，是比較輕鬆的選擇，遠比攻擊神祕又難以捉摸的壓迫本身，還要輕鬆得多。

這樣的論述暗示了反色情作品的女性主義者，高估了色情作品的力量，他們沒有看清現實。但是，在反色情作品女性主義者的觀點中，最重要的會不會不是注意的對象，而是注意的時間點？有沒有可能，他們並不是歇斯底里，而是擁有先見之明？

最先讓我開始思考這個觀點的，是我的學生。在介紹女性主義理論的初階班中，色情作品的議題或多或少可算是必須討論的話題之一。

但是，我一開始並沒有打算認真討論這件事。我認為學生肯定會認為，反對色情作品的觀點既古板又過時，我每次努力想讓他們看見女性主義的歷史與現代之間的關聯時，都會引發這種反應，所以我覺得沒什麼好擔心的。

當時，他們目不轉睛的盯著我，我問他們，色情作品是否不只描述了女性受到的次等化，更實際形塑了這種次等化？而他們回答：「對。」

色情作品是否迫使女性沉默，使女性更難反抗她們，使男性更難聽見她們的抗議？色情作品是否必須對物化並邊緣化女性，以及女性遭受的性暴力負責？他們回答：「對。」所有人的答案都是肯定。而且，回答我的不只有女學生，男學生也做出同樣的回應，有時他們的語氣甚至比女同學更為堅定。

其中，有一位年輕女學生做出反擊，她引用女性主義色情作品作為範例。男學生則反駁：「但是我們看的不是那種色情作品。」他們表示，**男性看的內容更露骨、更有攻擊性，而且這些都是在網路上能免費取得的東西。**

男學生們開始抱怨，性對象總是期待他們在性交前，做完一套特定的行為；其中一位男學生問，他希望性的重點在於愛與共同的愉悅，而非支配與順服，是不是太理想化了。

女學生們則討論起，色情作品如何忽略了女性的愉悅，她們想知道這和她們自己的生活中缺乏愉悅是否有關。一名女學生則問：「但如果沒有色情作品，我們要如何學習性行為？」

對我的學生來說，色情作品的意義重大，他們都非常在乎此議題。就像四十年前反對色情作品的女性主義者一樣，我的學生非常敏銳的察覺到色情作品的力量，這正是色情作品對這個世界產生影響的強大證據。

在那次講座結束後，我和助教討論起這個問題（她比我年輕好幾歲），而在這時，我才意識到一件我早該發現的事情：我的學生是在網路色情作品中長大的第一個世代。

在我的班上，幾乎每位男學生的第一次性經驗，都是在螢幕前，他們第一次感覺到想要與不想要性，也同樣是在電腦前。班上幾乎每位女學生的第一次性經驗，若不是在螢幕前，就是和前面提到的那種男孩發生性關係。

從這個角度來看，女學生的性經驗同樣會受網路色情作品影響，因為她們的對象，都是在網路上學會各種與性有關的行為。這群學生大多出生在上個世紀的最後幾年，他們是在這種環境中長大的第一個世代，而如今，幾乎所有人都居住在色情作品無處不在的世界中。

他們不需要去店裡偷雜誌和光碟，也不需要偷偷分享或聚在一起偷看。對他們來說，性就在觸手可及的地方：螢幕上有完整的資訊、詮釋與分類——青少女、輪暴、繼女、MILF（Mother I'd Like to Fuck，代表熟女）——等著他們探索。

我的學生接觸到性行為的時間點，其實比上一世代的青少年還要晚，不過對於異性戀的男孩與女孩來說，他們仍已經對性行為中的肢體移動、姿勢、自己與他人該發出的聲音，有了既定期待，而且他們也認為人們應該在性行為中，表現出特定的反應與渴望，並維持固定的權力分配。

也就是說，他們面對性的心態來自於色情作品。反色情作品女性主義者的警告，一直被推遲到現在，才在他們身上實現；對我的學生來說，**色情作品說性是什麼，性就是什麼**。

我初次在講座上教授關於色情作品的知識時，一位學生在諮詢時間來找我，她說：「你的課程幫助我理解了過去幾次性經驗，我前男友每次都說我做錯了。但是，我現在懂了，原來他希望我像那些女人一樣。」也就是，像色情作品中的那些女人一樣，但她並不是那些女人，也不知道要如何變成那樣，於是那位前男友就甩了她。

我的學生就像是一九七〇年代的反色情作品女性主義者一樣，他們從色情作品的消費行為，一路追溯到男人對待女人時的負面態度。

麥金儂在《言語不只是言語》中寫道：

消費者遲早將會渴望在三度空間實踐色情作品中的行為……變成色情作品的消費者後，老師可能會無法認知到，女學生未來的地位將和自己相等……醫師可能會猥褻全身麻醉的女人，並樂於欣賞與迫使女性在生產時承受痛苦……有些消費者會在廁所的牆上留言，當然，也會有人寫下公正的意見……或許進入了陪審團，有些人成為美國參議院司法委員會（Senate Judiciary Committee）的一員。

有些人要在警方接獲家暴通知時提供協助……有些人製作主流電影……有些人性騷擾員工與顧客、猥褻女兒、毆打妻子、利用性工作者……有些人在兄弟會和高速公路休息站輪暴女人……有些人變成連續強暴犯與性交殺人犯：使用與製造色情作品和這些行為，絕對脫不了關係。

麥金儂提出令人震驚的觀點：色情作品是男性性侵他人的虛擬訓練營。不過，事實真的是如此嗎？又或者，這種觀點本身就是一種性幻想，把厭女傾向的來源，縮小至單一成因，也把原本數量眾多又具多樣性的厭女者，轉變成單一對象，統一歸納為觀看色情作品的人？

政治哲學家羅納德．德沃金（Ronald Dworkin，和前面提到的安德莉雅．德沃金沒有血緣關係）對《言語不只是言語》，發表了一則嚴厲的書評，他宣稱人們觀看色情作品的頻率沒有那麼高，不足以造成麥金儂與其他反色情作品的女性主義者，所說的廣泛負面影響。

他寫道，如果真的有哪些大眾文化，阻礙了性別平等的話，那些大眾文化應該是肥皂劇和廣告。不過，這樣的描述或許符合一九九三年的社會狀況，但現在則不太適用。二〇一八年，前五大色情網站（PornHub、XVideos、BongaCams、XHamster和XNXX）每月總流量超過六十億次以上，PornHub在二〇一七年的流量，甚至高達兩百八十五億次。

二〇一〇年的一項統合分析指出，花錢在色情作品上，以及支持暴力侵害女性的態度之間，存在著顯著的整體關係。雖然，在歸類為暴力的色情作品中，兩者間的關聯性明顯更高，但歸類在非暴力的色情作品中，兩者在統計學上仍有著明確關聯。

麥金儂等人必定會想知道，**我們要在哪裡劃下暴力和非暴力色情作品的界線？如果他打**

她，算暴力嗎？如果他稱她為賤人呢？如果他在她臉上射精？如果他告訴她，她喜歡這麼做，她想要這麼做？如果她的「不」，最終變成了「好」呢？

研究發現，經常看色情作品的男性，不太可能支持女性的平權行動，也不太會同情被強暴者。他們也更有可能被指控表現出強暴的意圖，也更有可能會性侵他人。與此同時，一項針對姊妹會成員的研究指出，觀看色情作品的女性看到其他女性遭到性侵時，較不會干預。

部分評論家對於這種關聯性的強度提出質疑，他們引用對他們有利的研究，堅持成人有能力分辨幻想與現實。他們說，女人也會看色情作品，而根據 PornHub 提供的資料，有三二%的網站使用者是女人（話說回來，誰說女人就不能是厭女者）。

最重要的是，他們提醒我們，這兩者之間的關聯不代表因果關係，或許，那些原本就傾向貶低女人並行使性暴力的男性，本來就特別喜歡看色情作品。

還有另一個原因，使研究者更加難以測量色情作品對意識形態的影響：他們缺乏年輕人如何使用色情作品的可靠數據。大部分數據的來源，不是倡導反色情作品的基督教團體——他們等不及要告訴你，你的孩子很可能現在正在上傳自己的色情影片到網路上——就是 PornHub 這樣的色情影片網站，而且這些網站總會說，十八歲以下的網路使用者不會接觸到他們的網站內容。

二〇一二年，雪梨大學（The University of Sydney）對八百名色情作品常態使用者進行研究，發現四三％的使用者在十一至十三歲間，開始觀看色情作品。在二〇〇七年的一項研究中顯示，加拿大中南部亞伯達省的十三到十四歲學生中，有九〇％的男孩表示，他們接觸過明確描述性行為的媒體，三五％的男孩說他們觀看色情作品的次數多到數不清。

全球知名的色情影星麗莎．安（Lisa Ann）如今五十歲，是熟女色情片的資深演員。在英文獨立記者強．朗森（Jon Ronson）專門討論網路時代色情作品產業的 Podcast《蝴蝶效應》（*The Butterfly Effect*）上，安告訴朗森，在一九九〇年代，只有成年人會在街上認出她是誰。但現在，她甚至會遇到十二、十三、十四歲的小孩，走過來問她：「我能幹你嗎？」她說：「我會直接告訴他們，聽著，你在那些網站上看到的東西，很可能永遠也不會發生在你身上，所以不要要求任何女孩做那些事，也不要認為那是真正的性行為。」

等到再過一、兩個世代之後，世上每一個人都會在這樣的色情作品環境中長大，到時候，這個世界會變成什麼樣子？

現代年輕人的性教育，都來自色情網站

前面提到，一位女學生的前男友跟她說，她做錯了。聽完那位學生說的話之後，最讓我訝異的，不是她把前男友看色情作品的習慣，與羞辱她的行為做出連結，而是他表達羞辱時的

用語：「你做錯了。」對這名年輕男性來說，色情作品就是性的標準規範，而他會用這套規範來衡量女友的行為，並找到自己想要的事物。

色情作品不是教育系統，卻常被當成教育系統使用。英國兒童事務專員辦公室（Children's Commissioner for England）在二〇一三年發表一份報告，研究人員在報告中訪問十四到十八歲的男學生。以下是他們對於色情作品的一些看法：

- 你可以學會性交的方法和新的姿勢。
- 你可以觀察性交的方式……你會對於自己要怎麼做，有個大概的概念。
- 你看這些作品是為了……娛樂，但你也會在看的過程中了解不同東西，一些你原本不知道的東西。你可以了解更多、學到更多。
- 我覺得大家看色情作品的主要目的，是獲得資訊，像是你要做什麼、該怎麼做。

這些回饋最引人注目的地方在於，這些男孩鮮少提到，他們會用色情作品來自慰。依據他們的說法，他們用色情作品來學習、有個大概的概念、了解不同的東西、獲得資訊、理解要做什麼。當然，他們也會用此自慰，色情作品本來就是娛樂用的東西，但是這些男孩（其中可能還有一些處男）很快就把色情作品當成指導性交的權威。

以下是同一個研究中的年輕女性說的話：

●我覺得年輕人會認為，性行為應該跟色情作品一樣。他們有一套標準，如果性行為不符合那套標準，那就是不好的性行為。

●色情作品讓男孩子的想像變得更真實，因為色情作品中的角色是真人。接著，他們會認為性行為就該是那樣……覺得性行為應該具有一點攻擊性、要包含強迫的元素。

●色情作品讓男孩獲得一些糟糕的看法，比如對女孩的想像，認為所有女孩都應該像那樣，所有女孩都想要性交。

●我覺得這個年紀的男孩真的都很無知，重點在於你能信任誰，很清楚的是，如果他們會看這種東西的話，你就無法確實知道他們會如何對待你。

這些女孩不認為色情作品是性的權威，她們可以分辨幻想與現實，但她們都知道，對男孩來說，色情作品設下了「良好」性行為的標準、建立了「性行為就該是那樣」的假設，並形塑了他們對女孩的意見與想像。

色情作品，或許在性行為與女人這兩個方面說了謊。美國作家兼基進女性主義者約翰·史托騰伯格（John Stoltenberg）曾說過一句十分著名的話：「**色情作品在描述女人時說謊，卻在**

描述男人時說實話。」但那又怎麼樣？色情作品難道應該負責告訴人們，尤其是年輕人，有關性的真相嗎？

想要求色情作品與其製造者，為消費者的所作所為負責的話，光是指出色情電影中男人如何物化與貶低女性，遠遠不夠。

這是因為，語言時常在無意間帶來有害的影響。如果我在開玩笑時，把「失火了」當作最關鍵的笑點，使你把茶灑了出來，那麼，雖然我說這句話確實使你把茶打翻，可是我幾乎不需要為這個損害負責。

與此相反，如果我在一間擁擠的電影院大吼「失火了」，那麼，我就必須對接下來的踩踏事件負責。這是因為，踩踏事件並不是隨機發生或碰巧出現的後果，而是因為我的言行（發出警告）而自然導致的結果。

對於反色情作品的女性主義者來說，最核心的想法之一在於，色情作品並不只是剛好使女性變得比男性低等而已，色情作品本身就是在將女性次等化。說得更精確一點，色情作品這種言行，就是在授權人們將女性次等化，並賦予女性較低的社會地位。

就像是我在大喊「失火了」之後，會出現的踩踏事故一樣，色情作品對於女人造成的影響，並不僅限於反色情作品女性主義者預期發生的影響，而是這個影響本身，就是色情作品存在的意義。

若前述理論為真，那色情作品必定有權威性，否則，它只能描述女人是低等人，無法把女人變成低等人；它只能描述女性受到次等化，卻無法授權人們把女性次等化。

女性主義哲學家蕾伊．藍騰（Rae Langton）提出的問題是，色情作品比較像是一個擁有權威、能做出關鍵決策的帝國，還是一位站在場外大喊大叫的旁觀者。

藍騰說：「如果你認為，發表色情言論的是權力較小的少數人，是較容易遭受道德迫害的邊緣體，那你的答案就是旁觀者，他們在缺乏權威的狀況下，不斷發出可能會、也可能不會被採納的叫喊，因此準確來說，他們沒有任何責任。但如果你相信色情作品的聲音就是統治權力的聲音，那麼，色情作品就不會是旁觀者。」

不可否認的是，色情作品製作者並不是一個帝國，他們永遠沒有官方權威能描述性的真相。沒有人投票或指派色情作品製作者成為官方代表。就算色情作品真的是統治權力的聲音，這件事也不是由官方正式決定的。無論色情作品擁有的是何種權威，這種權威都源自觀看者，也就是那些相信色情作品會告訴他們要做什麼的男性。

有些批評反色情作品女性主義的評論家指出，社會不能因為色情作品擁有這種非官方的實質權威，而要求色情作品負責。就算有一些男孩（可能還有一些女孩）把色情作品當成性的權威，也不代表色情作品是。無論色情作品擁有何種權力，都不是製作者要求的，也不會正式受到承認，但是，這種明確區分權威與權力的論點，或許只屬於過去的年代。現今，網路已經模糊了兩者之間的界線。

在過去，發言平臺大多都是廣播電臺、電視節目、報紙與出版社，如今發言平臺變得數量過多、容量無限，而且幾乎完全免費。就算沒有權威的正式授權，個體發言者也能累積巨大的權力，而這種權力，又能被稱作「影響力」（influence）。我們該約束握有這種權力的人嗎？若答案為肯定，我們又該約束到什麼程度？

著名色情演員史托雅（Stoya）指出，她的製作公司的目標，是盡可能的吸引大眾，而達成此目標的工具，就是讓她出演「二元性別異性戀導向」的色情作品。

她在《紐約時報》的專欄中指出，雖然她並沒有主動尋求權威性，但她承認，自己確實握有一定的權威：「我不想要負責形塑年輕人的想法，然而，多虧了這個國家毫無建樹的性教育系統，以及上網就能接觸到色情片的環境，無論我再怎麼不情願，都必須負起責任。」她繼續說道：「有時候，我會因為這件事而難以成眠。」

男性經驗豐富就是老練，女性不是處女就是蕩婦

許多政治論述引用年輕人說的話，是為了支持保守派的觀點。他們以根本不存在的一套童年幻想當成立論基礎，大聲疾呼社會要保護年輕人的純真，而在他們的幻想中，兒童完全不

會接觸到成人與成人慾望。

這種對於童真的訴求，通常也會在過去與現在之間，畫下一條根本不合理的明確界線，輕易忽略過去與現在之間的連續性。而這條界線，存在於滾石樂團和離開迪士尼（Disney）後，被狂批大脫序的麥莉．希拉（Miley Cyrus）之間，在書櫃上方的雜誌與PornHub之間，也在座位後排的親熱與屌照之間。而且，在這個社會性的世界中，沒有能力應付科技創新的，很可能是我們這一代人，而不是現在的青少年和青年人。

我所說的，不只是小孩子能輕而易舉的掌握抖音（TikTok）和Instagram上，不同符號可能代表的意義，同時還包括了他們能敏銳的感知到，性別化與種族化的力量如何運作，遠超過我們過去在主流政治中的所見所聞。

若我們只因自己小時候無法適應這個世界，就假設他們也同樣沒有能力應付這個色情作品世界的話，我們可是大錯特錯。但也或許，我的學生就像第二波反色情作品女性主義者一樣，賦予色情作品太多權力，反倒過於低估自己對此的反抗能力了。

美國作家佩吉．奧倫斯坦（Peggy Orenstein）在她的暢銷著作《女孩與性》（*Girls & Sex*）中，討論二十一世紀年輕人眼中的性真相。一開始，她描述加州一所大型高中舉辦的返校集會活動。

院長在提醒出席率的重要性，並警告學生應避免酒精與毒品之後，直接對女學生說：

「小姐們，你們外出時穿的衣服，應該要尊重你們自己與家人……這可不是給你們穿熱褲、背心和露肚上衣的場合。你必須捫心自問：你的祖母會喜歡你穿成這樣嗎？」

接著，院長開始討論性騷擾，這時，一名高年級的拉丁裔年輕女性跳上講臺，拿走了麥克風，她說：「我覺得你剛剛說的話很不對，那些話是嚴重的性別歧視，而且是在推廣強暴文化。如果我因為天氣很熱，所以想要穿背心和短褲的話，我就應該可以穿背心和短褲，這和我有多『尊重』自己毫無關聯，你說的話，只不過是在推動譴責受害者的惡性循環而已。」而其他學生都為她大聲歡呼。

我在二〇〇三年從高中畢業，當時的女孩穿的都是低腰牛仔褲，上面沒有口袋，緊緊包裹著臀部，上身穿的通常都是短版襯衫和毛衣，露出穿了環的肚臍和髖骨的曲線。我當時是學生代表，在參加一場全體教職員都要參與的董事會議時，老師們開始討論，他們有多看不慣女學生的穿著。

我的數學老師抱怨：「我不認為男孩能在這種情況下，學會一元二次方程式，因為他們會盯著女孩子的皮帶看。」

我還記得，在聽到他說出皮帶兩字時，感到多麼噁心。男孩們真的因此分心了嗎？他們看起來都很好啊？還是說，是這名老師在進行自我投射？雖然我非常憤怒，但當時我的腦海中沒有足夠的概念——蕩婦羞辱（slut shaming）[9]、檢討受害者（victim blaming）、強暴文化——能讓我清楚表達任何意見。

我想，當時我或許能大致了解，為什麼學校應該讓學生安全的探索自我表現方式，為何學會一元二次方程式是男孩自己的責任，以及為什麼沒有人告訴那些男孩，他們應該要把紙袋套在自己頭上，以免女孩分心。

但也許，我是從那時才開始有這些想法的。在會議結束後，全體教職員都獲得了權利，可以叫女孩子換穿下擺更長的衣服或更高腰的褲子。

奧倫斯坦在《女孩與性》中提到的那位年輕女性，和年輕時的我不一樣，若參與董事會議的人是她的話，她想必很清楚自己該說什麼。當時，我和我的朋友不敢自稱為女性主義者，我們對於女性主義者的身分感到羞恥，但這些女孩不會。

我們要如何理解「年輕女性中的女性主義意識逐漸崛起」與「年輕女性的性環境變得更糟」之間的關聯性？對她們來說，性環境出現了更嚴重的物化、更強烈的身體期待、更少的愉悅和更少的性選項[10]。

或許，女孩與年輕女性是因為環境變得越來越糟，才變得更貼近女性主義者。又或者，如奧倫斯坦所說，對許多年輕女性來說，女性主義意識其實是一種錯誤的自覺模式，而藉著這種模式占盡便宜的，正是這些年輕女性以為自己正在對抗的性次等化系統。性賦權與性自主的論述，是不是掩蓋了更黑暗、更不平等的東西？

女性主義哲學家南希．鮑爾（Nancy Bauer）曾對女學生提出問題，問她們為什麼要浪費週末晚上，去找兄弟會那些喝醉的男孩子，提供不會帶來任何回報的口交。她寫道：「她們告訴我，她們很享受口交帶來的權力感。把自己打扮得漂漂亮亮的，使那些男生無法控制的感到興奮，你可以在任何一個時間點直接離開。但是，你不會離開。」

最近，我訪問了一間倫敦學校的十七歲女孩，詢問她們對性的看法。她們提起性教育與同意的重要性，也談到酷兒（queer）[11]性傾向和女人的愉悅感。她們個性開朗、思緒清楚、談吐風趣，而隨著談話時間拉長，我發現她們其實對現況感到很失望。

其中一名女孩說，有人在學校裡散布她和女友的照片，強制替她出櫃。她們提起雙重標準：男孩子可以有性行為，但有過性行為的女孩子卻是蕩婦。她們說，女人自慰是一個禁忌話題，而有些男孩在網路上顯得個性和善，但等到實際見面時，他們卻言行惡劣，在性方面具強

9 人們認為女性有性行為和性慾，是一件羞恥的事，這樣的女人不值得獲得同情；會遭到蕩婦羞辱的情形包含：衣著性感，違反公認的著裝守則、婚前性行為、休閒性行為（casual sex）、從事性工作、被強姦或性騷擾。

10 在二〇〇五年至二〇〇八年，針對美國異性戀大學生的調查中，研究人員發現這些案例在和新對象第一次發生性關係時，男生獲得口交的比例是五五％，女生獲得口交的比例是一九％；研究人員也發現，在和新對象第一次發生性關係的過程中，達到高潮的男性數量是女性的三倍，而在建立情感關係的性關係中，男女高潮的差距雖有減少，但依然相差很多，其中，女性大學生獲得高潮的頻繁程度，通常是男性伴侶的七九％。

11 泛指性別認同與性傾向有別於傳統異性戀，或對自己的性別認同或性傾向感到疑惑的人。

烈攻擊性。

其中一位女孩靜靜的告訴我，色情作品使男孩對女孩懷抱著不切實際的期待：換句話說，他們不會詢問你想要什麼。她說，他們只要一知道你不是處女，就當作你什麼都同意了。

英國新聞記者卓伊・海勒（Zoë Heller）在為《女孩與性》寫的書評中，指控奧倫斯坦在面對世代關係時，顯得歇斯底里：

> 歷史告訴我們，要小心那些抱怨年輕人道德觀念不佳的中年人。每個世代的家長都很容易因孩子面對性的方法而感到震驚……在一九五〇年代，當時光是「穩定交往」（going steady）就被視為墮落行為，有些家長還很肯定，這是道德災難的預兆。

儘管海勒承認奧倫斯坦在描寫美國女孩的生活時，擁有「很嚴謹又引人注目」的資料，但她指出，奧倫斯坦的失誤在於，她沒有成功避免誇大或簡化，也沒有避開我們在討論到這一類主題時，總是會聯想到的危機感。

這些批評的確帶有母性中的危機意識，奧倫斯坦自己也寫了《灰姑娘吃了我的女兒》（*Cinderella Ate My Daughter*）這本書。但是，我會閱讀她的書，不是歷史記憶很差又容易激動的家長叫我讀的，而是一位剛大學畢業的年輕女人。

她和女性朋友們全都讀過奧倫斯坦的書，也都在討論書的內容，她們說，奧倫斯坦描述的情況正是她們如今的生活。她們的生活有性卻沒有約會，女孩負責給予，而男孩負責接受，有關賦權與身體自信的論述，遮掩了更深層的失望與羞愧。

這名年輕女人和她的朋友並沒有明確的說，她們責怪色情作品，這或許是因為，我們實在很難責怪和我們的存在幾乎無法分離的東西。但是，她們注意到，女性的生活中存在著一種思考性和性交的方式，而且她們覺得這種方式無可避免又機能不全，似乎由遙不可及的某個外在世界，強加在她們的生活中。

把反抗當成欲擒故縱、把扭捏當成邀請

我們該怎麼做？

一九七二年，各地主流電影院放映了有史以來第一部色情電影，也就是現今經典的邪典電影（Cult Film）[12]《深喉嚨》（*Deep Throat*），主演是琳達．波曼（Linda Boreman），藝名是琳達．拉芙蕾斯（Linda Lovelace）。

該片描述的是女主角追求性高潮的故事，由於她的陰蒂位置非常特殊，所以她只有在幫他人口交時，才能達到高潮。

當時的社會認為《深喉嚨》是在頌揚女性的性慾，波曼在電影上映後，還出版了一本色情作品自傳，描述她在拍攝這部片時的解放體驗。

這部片至今仍是影史上票房最高的色情片，曾在世界各地上映，當時美國各地的電影院每天皆放映數次。

《紐約時報》的評論，引述了一位色情片導演（他被描述為個性嚴肅、蓄鬍、對電影很有興趣的年輕男性）的話，在談論色情片的女演員們時，他表示：「她們出演是因為她們很享受這個過程，而且這是很輕鬆的賺錢方式。我認為，前者的比重大過後者，此外，她們也是暴露狂，攝影機讓她們感到興奮。」

八年後，也就是一九八〇年，波曼寫了另一篇回憶錄《折磨》（*Ordeal*），在書中揭露她被迫拍攝色情作品、進行性交易，並被她的丈夫兼經理人查克・特雷納（Chuck Traynor）強暴的經歷。波曼在麥金儂與安德莉雅・德沃金的陪同下，於本書的媒體發表會上公開做出這些指控。在那之後，德沃金和麥金儂開始討論使用法律打擊色情作品的可能性。

她們決定這次不要用傳統論點反對色情作品，也就是堅持色情作品猥褻又粗鄙，還違反了大眾道德標準；相反的，她們改而指出色情作品是一種性歧視，靠著削弱女人身為平等公民的身分，來剝奪女人的公民權。

一九八三年，麥金儂和德沃金受邀為明尼亞波利斯市[13]草擬一份反色情作品的法令，依這條法令規定，無論女人是否有在色情作品中演出，她們都有權在色情作品對她們造成傷害時，對製造者提起民事訴訟。

雖然明尼亞波利斯市議會已經通過這條法令，但最後，市長引用人們對於言論自由的憂慮，藉此否決這條法令。而後，德沃金與麥金儂擬定另一個版本的法令，在一九八四年於印第安納波利斯市[14]通過，但後來被美國聯邦第七巡迴上訴法院（United States Court of Appeals for the Seventh Circuit）判定違憲，而美國最高法院也維持原判。

第七巡迴上訴法院的法官法蘭克・伊斯特布魯克（Frank Easterbrook），為此判決寫下理由：「我們接受設立這條法令的依據，描述次等化這件事，本身往往會延續次等化的存在。女性的次等地位會導致工作場所的冒犯與低薪、家中的辱罵與傷害、大街上的毆打與強暴。但是，這只是展現了色情作品作為言論的力量而已。」

在美國這個自由的國度，當你說色情作品屬於言論的一部分時，就等於在說色情作品應該要受到特殊保護。言論自由與許多自由社會價值互相連結（至少許多人聲稱這兩者之間有

12 在特定圈子內被支持者喜愛、推崇膜拜的電影，也可稱為非主流電影或另類電影。
13 位於美國中北部的明尼蘇達州，為明尼蘇達州最大的城市。
14 位於美國印地安納州中部，為該州首府暨最大都市。

連結），這些社會價值包括：個體自主性、政府的民主可問責性（democratic accountability）[15]、個人意志的不可侵犯性、包容不同意見與反對意見以及追求真相。

美國為言論提供的保護超乎尋常得大，言論這個概念的定義，也非常廣泛。一九九二年，最高法院一致同意要以第一修正案為由，駁回明尼蘇達州一項犯罪法令；法院曾用該法令指控一位白人青少年，在一個黑人家庭的草坪上焚燒十字架。聖保羅市的偏見犯罪自治條例（Bias-Motivated Crime Ordinance）規定：

> 任何人在知情或有理由知情的狀況下，以激發種族、膚色、信仰、宗教和性別方面的憤怒、警覺或憎恨的方式，在公共或私有財產上放置記號、物體、稱呼、特徵和塗鴉，包括但不限於燃燒十字架或納粹「卍」字記號，皆為妨礙治安的行為，應被視為輕罪。

為法庭寫下主要判決理由的，是大法官安東寧．史卡利亞（Antonin Scalia）。但是，令他感到困擾的是，該法令禁止特定言論（如焚燒十字架）的理由，是該言論表達的觀點（如黑人是次等人）。

史卡利亞認為，雖然此觀點可能令人厭惡，但它仍舊是一種看法，因此法律必須保障表達看法的權利。他認為，法律唯一能對言論做出的限制，是限制其形式，如故意做出的不實言論（口頭毀謗、書面毀謗），或在生產過程中，涉及非法虐待孩童的言論（兒童色情作品）。

國家不能因為種族主義者與性別主義者的言論內容，而禁止或壓迫他們的言語自由，因為如果國家這麼做，就是在干預觀念的自由市場。

最後，法院總結：「聖保羅沒有……權威可以授權爭論的其中一方，自由採取任何形式的攻擊，同時又要求另一方遵循《昆斯貝利規則》（*Marquess of Queensberry Rules*）。」

《昆斯貝利規則》是史上第一套拳擊規則，其中一條規定是選手必須戴上手套。換句話說，在白人至上主義者與黑人為了種族平等而爭論時，國家不能支持任何一邊。

法官與法律學者們，對德沃金與麥金儂的反色情作品法令，提出類似的反對論點。他們認為，這條法令侵害了主流色情作品製作者表達觀點（女人是男人性交使用的物品）的權利。

德沃金與麥金儂擬定的法令，沒有把目標放在所有色情作品上，法令的目標只有「把女人轉變成去人性化的性物品」的色情作品，而這種作品與其他作品的差異在於內容，而非表現形式。在厭女者與女性主義者針對女性平等的爭論中，國家也不能支持任何一邊。

麥金儂在《言語不只是言語》中，拒絕接受此論點，她以兩個理由為依據：第一，正是

15 基於反饋、從經驗中學習，以及被治理者知情同意的治理。

色情作品對女性地位爭論的詆毀，使女人無法平等參與這場爭論；麥金儂說，色情作品扼殺了女人的聲音，奪走她們為自己的性經驗作證的能力。

色情作品教導男人在女人說「不」的時候聽見「好」、在女人說受到騷擾或強暴時不去相信、把反抗視為欲擒故縱、把扭捏的態度視為邀請。色情作品製作者在執行言論自由權的同時，削弱了女人的言論自由權。

第二，麥金儂指出，色情作品不只表達「女人是次等的」的觀點，因為色情作品不只是語言。色情作品訓練我們把注意力放在作品與其世俗影響上，使我們將作品視為加深次等化的行為，而次等化的功用，就是強化「所有女人的地位都比男人還要低階」的概念。

法官、律師與哲學家堅持，要把色情作品視為與言論自由相關的議題，他們認為，問題出在色情作品的表達內容，而非色情作品的實際作為，而這樣的堅持，洩露了他們隱而不宣的男性觀點，也顯示出，他們沒有成功用其他女性的視角來看待色情作品。

麥金儂寫道，我們的日常生活，充滿了各種在法律上會被視為行為的字詞，而且也不會有人根據守護言論自由的第一修正案，對這些字詞發表各種抱怨。

舉例來說，假設有一個人，對一隻訓練有素的攻擊犬大喊「殺了他」，法律不會認為這句話只是在表達意見，而會把這句話視為違法行為，因為他下令那隻狗攻擊他人。那麼，狗主人被逮捕時，他的言論自由是否受到了侵犯？如果沒有的話，麥金儂問道，那為什麼男人在創造色情作品，並藉此命令男人攻擊女人時，他們的言論自由會受到侵犯？

麥金儂自問自答道，這是因為法律是男人的體制，不僅由男人創造，目的也是服務男人。她認為，雖然從表面上來看，言論自由只是正式的裁決原則而已，但事實上，言論自由是一種意識形態工具，法律選擇性的使用這個工具，來保護優勢族群的自由。

其實，這就是想要詳盡闡述麥金儂論點，並為其辯護的女性主義哲學家常會忽略的一點：對麥金儂來說，問題不在於色情作品以形上學[16]來說，真的是行動而非言論，問題在於打從一開始，言論與行動之間的差異，就是一種政治。

其中，還有很多值得討論的地方。最高法院對焚燒十字架的判決，就像他們在《聯合公民訴聯邦選舉專員會案》（*Citizens United v. FEC*）中，判決政治支出也是言論自由一樣，展現了言論自由能夠多輕易的影響意識形態，並支持現任政權。但是，除了對社會平等的漠視之外，在使用法律規範色情作品時，之所以要抱持謹慎的態度，還有另一個理由。

加拿大最高法院在一九九二年的《巴特勒案》（*R. v. Butler*）判決中，擴張了加拿大的猥褻

16 哲學的一個分支或範疇，對於不能直接透過感知所得到答案的問題，它在先驗條件下，透過理性的邏輯推理推演出答案，且不能與經驗證據相矛盾。

法，判定描述暴力的色情作品與貶低或去人性化的非暴力色情作品，同樣違法。

法院在證明此判決的合理性時指出，此類色情作品會次等化女性並侵犯她們的平等權，並引用德沃金和麥金儂在美國堅持的那套理論：「通過這條法令不是為了讓邪惡又巨大的國家權力，打壓缺乏權力的可憐公民個體，而是在相對缺乏權力的團體為了平等而發起社會戰爭時，讓這條法令支援他們。」

加拿大警察在數個月內，扣押了多倫多市歡樂日書店（Glad Day Bookshop）內販賣的雜誌《惡劣態度》（*Bad Attitude*）。這本雜誌的主要內容為女同性戀的性慾幻想，如《紐約客》（*The New Yorker*）報導表示：「該雜誌詳細描寫涉及束縛與暴力的性行為……這不是加拿大人會容忍其他加拿大人閱讀的內容。」

安大略省高等法院引用巴特勒案，判決加拿大的第一間同性戀書店歡樂日書店犯下猥褻罪。麥金儂認為，巴特勒案的判決目的，是幫助相對缺乏權力的團體，為了平等而發起社會戰爭，她其實沒說錯。

但在實際執行時，加拿大卻利用這項判決作為掩護，反而去攻擊性少數族群，不理會主流色情作品製作者。在巴特勒案判決出來後的兩年間，全加拿大（與全球）最大成人影片商店擁有者蘭迪·喬根森（Randy Jorgensen），又開設二十間分店，卻沒有受到該法令的影響。

把女性主義者分成反色情作品與支持色情作品的派別，其實非常誤導大眾。雖然有些第二波女性主義者反駁，主流色情作品是表達人類性慾的健康方式，如美國左翼政治散文家艾倫．威利斯（Ellen Willis）在一九七九年寫道：「色情作品拒絕性壓迫與偽善，傳達了一種基進的衝動。」但是，支持色情作品的女性主義者，動機多半不是因為喜歡色情作品，而是覺得禁止是個糟糕的主意。

早期的女性主義者，在一九六〇年代推行反色情作品活動時，會對色情作品的製作者與販售商直接抵制與抗議。但在一九八〇年代早期的反色情作品活動正好相反，這時女性主義者轉而要求國家權力介入。

他們自己也承認，這麼做等同在向一個本質是男性的機構尋求幫助。當國家以女性主義為掩護，更進一步的次等化女性與其他性少數族群時，我們真的應該感到驚訝嗎？

這個問題，在一九七〇年代晚期與一九八〇年代早期的美國特別重要，當時美國反對色情作品的女性主義者十分活躍。

美國最高法院在《羅訴韋德案》（*Roe v. Wade*）的判決中裁定墮胎合法，這是女性主義的一大勝利，但也導致右派發動組織縝密的強烈反抗：他們集結篤信宗教的保守派人士與新自由主義經濟學的擁護者，帶來長久的決定性影響[17]。

新右派的意識形態綱領核心，否決女性主義者帶來的所有成就，除了反對墮胎合法化之外，也拒絕避孕方法與生育控制出現，還包含性教育、同性戀權益和女性大量進入職場等。

在這樣的氛圍下，基進女性主義者對色情作品的批評，正好對應上一種保守派意識形態：他們認為女人應該被區分成須受國家訓練的壞女人（如性工作者、福利女王〔welfare queen〕[18]）與需要受國家保護的好女人，並把男人視為天生的掠奪者，需要建立單配偶制的婚姻與核心家庭，才能馴化男人。

德沃金和麥金儂的法令，在位於長島的蘇福克郡引起爭論後，又再三修改，將色情作品描述為非自然法性行為（sodomy）[19]的發生主因，還會對公民的健康、安全、道德與公共福祉造成嚴重威脅；此外，麥金儂曾把蘇福克郡的法令稱作劣化版本，也曾嘗試廢除該法令。

麥金儂和德沃金提出專家證詞的對象，是當年新右派的重要人物雷根，他在擔任總統的期間，命令司法部長調查色情作品帶來的傷害。專門調查此事的米斯委員會（Meese Commission）因而提交了一份一千九百六十頁的報告，內文引述了摩根的論述：「色情作品是理論，強暴則是實踐。」但沒有註明出處。

而且，這份報告並沒有引述摩根在同一篇文章中提出的警告，她指出，尋求法律幫助只是徒勞無功：

> 我注意到……陽具中心主義（phallocentrism）的文化比較有可能會在審查剛開始時，先肅清女性的私處自我檢查相關書籍，或封鎖用各種文句讚頌女同性戀，放過讚頌「由男

性撕碎並殺死女性」的書籍……我也不太信任由男性主導的司法制度……我覺得，審查制度往往始於高坐在椅凳上的一群男性法官，他們可以輕而易舉的找到一大堆黃書來讀。

立法限制色情作品，犧牲的是性工作者

二〇一四年，英國政府通過了一項法令，禁止英國製作的色情作品呈現下列與性有關的行為：

- 打屁股。
- 鞭打。
- 具攻擊性的抽打。

17 於二〇二二年，由保守派成員把持的美國最高法院以五票贊成、四票反對，推翻羅訴韋德案，並以六票贊成、三票反對，維護密西西比州禁止十五週後墮胎的法律。

18 貶義詞，指涉嫌通過欺詐、危害兒童或操縱，來收取過多福利金的婦女。

19 廣義來說，為非生殖性的性行為，包括自慰、互相手淫、口交、肛交、避孕性行為等。

- 使用與暴力有關聯的任何物品插入。
- 物理或口頭上的虐待（無論是否合意）。
- 尿色情（urolagnia，也被稱作「水上運動」）[20]。
- 角色扮演未成年者。
- 身體約束。
- 羞辱。
- 女性射精（female ejaculation，俗稱潮吹）。
- 勒頸。
- 顏面騎乘（facesitting，俗稱坐臉）。
- 拳交。

這是一份讓人一看到，就有種奇怪脫節感的清單。雖然這份清單裡，包含了一些你常會在次等化女性時看到的性行為，如打屁股、鞭打、具攻擊性的抽打、物理或口頭上的虐待、身體約束、羞辱等，但事實上這些行為也是女性支配（femdom）類型的色情作品所具特色，此類作品的主軸，是由女性對男性施加身體上的痛苦與精神上的羞辱。

清單上列出一項象徵女性愉悅，且鮮少出現在主流色情作品中的行為：女性射精。還有一項性行為對許多人來說，除了感到難堪之外，不會對別人造成什麼傷害，就是水上運動。

另外，還有一項是使用與暴力有關聯的任何物品插入，那男人的陰莖也算在內嗎？大概不算。至於勒頸和坐臉，同樣和女性支配色情作品有關，之所以會被納入清單中，顯然是因為這兩種行為有可能會造成生命危險，不過目前並沒有研究指出，曾有多少男人因被女人坐在臉上而死亡。

用英國這份禁止性行為清單，把各種色情作品排除後，看一看剩下的作品，你就會發現這份清單的邏輯為何。刪除這些類型的性之後，剩下的只有美好、老派、異性戀的「脫衣服、口交、插入、射出」類型作品，而這正是色情演員史托雅所描述的作品。

在這種色情作品中，火辣的金髮女孩要為男性口交、被用力操幹、說自己喜歡被這麼對待，最後以射在她們臉上作結。這種色情作品傳達的訊息是，女人等著被男性插入，而且她們喜歡被這麼對待。一般來說，你不需要把女人綁起來、打她們或在她們拒絕時強迫她們，也一樣能傳達這種訊息。

在英國的禁止清單中，唯一一個在主流色情電影中很常見的是「角色扮演未成年者」，

20 指因尿液而感到性興奮。

這些作品會出現在隨處可見的青少年類別中。除此之外，英國官方批准的，也就是使用這份清單過濾後剩下的色情作品，就是最主流、會使多數人感到性興奮的作品。

但是，女性主義者批評色情作品的關鍵，在於打破主流的邏輯。就算這些作品會使多數人感到性興奮，也不代表就沒問題；**禁止色情作品中的非主流類別，只會強化主流的性霸權，**也就等於加強主流的厭女傾向。

伊札·比歐巴·烏魯夏（Itziar Bilbao Urrutia）是一名住在倫敦、頭戴滑雪面罩、手拿槍械、踩著滑板的女支配者，她經營的戀物（fetish）網站「都市小妞至尊牢房」（Urban Chick Supremacy Cell），利用漏洞逃過二〇一四年這條法律的規範。

烏魯夏與其團隊痛斥男人串通起來，推動資本主義式的父權主義，同時把男人束縛起來、用假陰莖與他們肛交（pegging），並使他們流血（這些行為是雙方合意的，而且必須付費，這種費用又稱為女性支配稅）。

有時候，這些男人必須朗誦女性主義者的文句。在多數女性支配的戀物色情作品中，男人受到羞辱的原因，是因為他們不符合異性戀陽剛氣質（heteromasculinity），也就表示他們表現出「陰柔男性」（sissy）的特質。

但是，在烏魯夏的色情作品世界中，被蔑視的都是有錢、成功、處在優勢地位的男性，陰柔男性必須受到拯救（非常有美國激進女性主義作家瓦萊麗·索拉納斯〔Valerie Solanas〕

的風格[21]）。

英國在二〇一四年禁止非標準化的色情行為後，烏魯夏說：「這就像是商業大街上的企業連鎖商店在大量進貨後，把商品行銷給最笨的平庸消費者，藉此摧毀獨立商店。五年後，我們很可能只剩下最通用的那種色情作品，販賣這些影片的商店則是廉價連鎖商店，就像色情作品界的普萊馬克（Primark）[22]。」

二〇一三年，冰島開始考慮依照一份提案，擴張政府對色情作品的製作與銷售限制禁令，其中也包括了涉及「暴力與仇恨」的網路色情作品（在二〇一二年全球性別差距報告〔Global Gender Gap Report〕中，冰島是排名最優秀的國家）。

提議此提案的內政部長引述了一份研究，指出冰島孩童第一次觀看色情作品的平均年齡是十一歲。內政部長的一位顧問說：「在論及裸體圖片與性關係時，我們是一個進步的自由社會，所以這個提案反對的不是性，而是暴力。這個法案的重點在於孩童與性別平等，而非限制言論自由。」

21 其最知名著作《人渣宣言》（*SCUM Manifesto*）中，呼籲女性推翻政府、消除金錢系統、機構完全自動化、消滅男性。

22 英國的平價快時尚品牌。

雖然二〇一三年的國會大選推遲了設立法規的時間，但該計畫的內容包括網路過濾器、屏蔽部分網站，並將使用冰島信用卡在色情網站上付費當成非法行為。這項法案的動機顯然和性別有關，在規範中明確區分了暴力與仇恨色情作品與其他作品。若根據此法，都市小妞至尊牢房絕對是一個會被封殺的網站，那麼，《深喉嚨》能存活下來嗎？

二〇一一年，中國警察逮捕了三十二名撰寫耽美動漫同人小說的作家，同人指的是二次創作作品，其中，也有不少給成人看的色情小說；至於耽美小說，指的則是描寫男性間戀愛的作品，描繪同性性慾或性愛的作品亦占很大一部分，主要由女人創作給女性讀者閱讀。

二〇一七年，英國政府承諾要對色情作品訂定「年齡禁制」。這項提案要求色情作品的觀眾必須上傳護照或駕照來證明自己的年齡，或者他們也可以在當地報攤購買「色情作品通行證」，在社會大眾廣泛批評這種做法根本不會奏效之後，這個提案被悄悄放棄了。

當時英國提議使用的驗證系統 AgeID，由盧森堡私人控股公司 MindGeek 製造，而 MindGeek 是 PornHub、RedTube 和 YouPorn 等色情網站的母公司，等於 MindGeek 幾乎壟斷了所有線上色情作品。

澳洲的影片與電玩分級原則，禁止色情影片描述拳交，也禁止戀物，如身體穿刺，也不可用其他物件，如蠟燭的蠟、黃金浴（golden shower）[23]、束縛、打屁股。打殘理論（crip theory）[24]學家萊恩・索尼克洛夫（Ryan Thorneycroft）近來在學術研究期刊《色情作品研究》（*Porn Studies*）上提問，如果拳交在澳洲是禁止的，那把斷掉的手或腳的殘肢插入陰道或肛門的「殘肢交」算數嗎？

二〇一八年，尼泊爾民眾對女人遭性侵的抗議越演越烈，政府因此禁止數位色情作品。政府的禁止名單中，共有兩萬四千個網站，其中也包括鼓勵性積極、性教育與酷兒的平臺。

二〇〇七年，當時的澳洲總理約翰．霍華德（John Howard）因一份報告而緊急插手。該報告由北領地（Northern Territory）[25]政府委外製作，該研究發現原住民社群有很高的機率會出現虐童事件，同時呼籲政府要提供更廣泛的社會服務資源，並更敏銳的意識到殖民暴力與強占驅逐的歷史，是如何形塑了當代的原住民文化。

不過，霍華德沒有這麼做，他反倒對北領地的原住民城鎮和土地發動軍事占領，徹底禁止人們持有與散播色情作品。

原住民只占澳洲總人口的三%，卻是PornHub上人數排名第九的色情作品消費族群。澳

23 尿色情的一部分，指在另一個人身上排尿以獲得性快感。

24 酷兒理論（Queer theory）和批判性障礙研究的模糊或融合，探討殘疾和障礙所遇到的社會壓力與規範，與性別及性向如何相交。

25 簡稱北澳，澳洲的一個自治領地。

洲人觀看的粗暴性行為類別作品，比全球其他地區的平均值還要高了八八%，政府也沒有禁止白種澳洲人花錢在色情作品上。

立法限制色情作品的意圖，例如透過法律管束性工作者，都會對依賴性工作維生的女性帶來最大的傷害。

PornHub 這類免費網站的營運動力，其實是使用者上傳的盜版內容，雖然製造公司能要求網站移除盜版內容，但事實上，他們的移除速度永遠也趕不上使用者的上傳速度。

專業色情作品製造商的利潤不斷下降，免費的色情作品網站，每年大約會從該產業吸走二十億美元（約新臺幣五百八十六億元）。在資金與權力從色情製造業轉移到盜版產業的過程中，付出最大代價的其實是成人影片中的女演員。

目前全世界最大的色情作品產業中心，位於加州洛杉磯都會區的聖費爾南多谷，如今這裡的色情作品女星在產業工作的平均時間是四到六個月，比前幾個世代的演出者，還要更快進階到薪資較高的強硬性行為，如肛交。

二〇二〇年，新冠肺炎導致的大量失業潮，為色情作品產業帶來數以萬計的新演員，各種性別皆有，他們透過直播網站，為付費的個體客戶提供性演出（以及大量的對話治療）。

二〇二〇年三月，線上色情直播網站 CamSoda 回報，新註冊的演出者成長三七%，另一個直播網站 ManyVids 則增加了六九%。

受成人產業歡迎的社群媒體 OnlyFans，光在二〇二〇三月的頭兩週，就有六萬名新註冊的演出者。一般來說，這些直播的男孩與女孩，在賺進收入之後，只能拿到一半的金額。

當時，麥當勞（McDonald's）有一些員工，即將在無法領到病假工資的情況下，被炒魷魚，而位於洛杉磯的直播網站 IsMyGirl，為這些員工提供特別優惠：「他們的獨享優惠是可以取得九〇%的收入（以信用卡交易過後的收入計算）。」

IsMyGirl 的創辦人伊凡・辛菲爾德（Evan Seinfeld）說：「當然了，關鍵還是在於他們能否製作好內容，是否知道如何和粉絲互動。我們聽過許多女人，原本只能住在車上，如今則能在一個月就賺進一萬美元（約新臺幣二十九萬元）。」

無論是對麥當勞員工還是其他工作者來說，更好的選擇當然還是能夠獲得適當的失業給付、無須依賴僱主的健保，以及保障住宅的權利，好讓他們不用睡在車上。更不用說，可以找到不會分掉五〇%收入的僱主，這樣就是夢幻工作了。

但是，對於數萬名最近剛被裁員、無家可歸、沒有健保又不得不進入色情作品產業的女性來說，若拍攝色情作品違法的話，情況會比較好嗎？

無論法律怎麼說，一定會有新的色情作品出現，也會有人購買。對女性主義者來說，最重要的不是法律如何規範色情作品，而是法律為色情作品產業的女性工作者們做了什麼，同時又對她們做了什麼。

推廣性教育，而非抵抗色情作品

在我以色情作品為主題教授的講座中，這幾年來，沒有任何一位學生提議用法規來削弱色情作品的影響。這並不是因為，我的學生都是言論自由的狂熱支持者，而是因為他們都是實用主義者。他們知道網路無法被限制，所以光是阻擋使用者進入網站，只會對較年老、不懂網路的世代有效，但對其他人來說沒有用。

他們很清楚，他們不只是消費者，同齡人之間也有越來越多人走入這一行中，而這種法規的實質規範目標，不會是賴瑞·佛林特（Larry Flynt）這種美國色情產業大亨，而是那些逐漸把上傳性愛影片視為自拍的年輕人。

這些學生對於性工作的犯罪化，抱持著非常謹慎的態度，原因不在於他們願意容忍嫖客，而是因為他們知道，當政府正式將性交易犯罪化後，受到最多傷害的，將是那些已經位處社會邊緣的女人。

我的學生認為，在論及色情作品時，社會必須用好的言論打擊壞的言論。他們和史托雅一樣，認為色情作品之所以能對多數男性產生權威性的影響，應該責怪政府機關提供的性教育不足。在他們看來，**色情作品之所以夠格教導他們關於性的真相，不是因為國家在立法上失敗了，而是國家沒有盡到教育的基本責任。**

從某方面來看，他們說得很對。其實，只有二五％的英國人，認為他們接受的性教育是優良的。與此同時，只有四一％的英國教師表示接受過適當的性教育訓練。

二〇二〇年九月，英國擴張了義務教育的範圍，把同性戀關係、性侵害與色情作品識讀能力也含括在內。只要孩子的年紀到達十五歲，家長就再也不能強迫孩子退出相關教育。因此，民眾提出一份超過十一萬八千人共同連署的請願書，抗議這項改變，他們堅持替孩子進行性教育是家長的基本權益，但是，這些家長忽略了一項事實：他們的孩子已經受過性教育了，只是教導者並不是他們。

在美國的五十個州中，只有三十個州的政府有權進行性教育。就算是在這些州，每個學區也會各自決定要教什麼、不教什麼，他們能做決策的內容，包括了學生會不會學習到戒慾（abstinence）之外的其他性選擇，而**共有二十六個州規定，學生在接受性教育時，一定要強調戒慾的重要性**。

接受過戒慾教育的女孩，發生第一次性關係的對象較有可能是年長許多的伴侶，也更可能會在描述第一次性經驗時指出，當時她們並不想要這麼做。從二〇一一年至二〇一六年，有三十七個國家的數據顯示，在十五歲到二十四歲的年輕人中，只有三六％的男性與三〇％的女性，學過預防人類免疫缺乏病毒（HIV，又稱愛滋病毒）的相關知識。

我們需要更多且更完善的性教育，但針對教育的申訴，就像針對法律的請願一樣，人們往往會對申訴對象本身的變革力量，懷抱著錯誤的看法。若以柏拉圖（Plato）的哲學來理解教育，也就是把教育當成我們從出生就暴露其中的文字、圖像、符號與比喻的總和，那麼，色情作品的問題確實就是教育的問題。

但是，若我們用傳統的觀點來理解性教育，等於把教育當成學校執行的一種正式教程，那就比較難理解，為什麼性教育可以抵抗色情作品的意識形態力量。要由誰來教導老師？老師跟一般人最大的共通點，就是大部分都會看色情作品，包括絕大多數的男老師。

老師想和學生談論父權主義下的性結構，想也知道不簡單。不過，我們能靠著更多「教師訓練」來改變這一點嗎？這些課程又該由誰來買單？而且，這些訓練普遍來說，皆無法完整提升女性主義意識。

正式性教育和色情作品不同，前者是真正的言論，而不是法律允許的虛構作品。性教育是由教師說出口的言論，目的是傳達資訊與指導學生。性教育能在一定程度上，改變年輕人的思想，其影響方法是呼籲年輕人深思、提問與理解。

從這個角度來看，傳統意義上的性教育，並沒有打算在相關領域內，達到色情作品提供的效果。因為色情作品的用途，不是傳遞資訊、說服或辯論，而是訓練。色情作品能在你的心裡刻出深深的溝渠，在性興奮和選擇性的刺激之間，形成強大的連結，僅輕輕掠過我們心中會停下來深思的區塊。

色情作品透過重複觀看來強化那些連結，而那些連結，又會增強並複製父權主義賦予性別差異的社會意義。這種作用在色情影片中特別明顯，色情影片利用的，是意識形態能力最強大的一種娛樂類型——電影。無論是色情電影還是其他電影，不同於靜止的圖像、書本和錄音，電影不需要我們付出任何事物，觀眾不需要費心思考。

電影唯一需要的，就是我們全心全意的投入注意力，而我們在給予注意力時，其實同時是自願、又是被強迫的。看色情影片的時候，所有想像力都會停止運作、退到角落，任由真實的幻影占領我們的心思。瀏覽器的視窗，變成通往另一個世界的窗口，而對面是色情世界，那裡有許多美妙的胴體，正為了自己的享樂而和他人性交。

觀眾的任何一種性興奮體驗、用影片來手淫的方式，都只是剛好與色情世界中的事件同時發生而已。色情影片帶來的愉悅，其他影片也可以提供，那其實就是一種觀看與傾聽帶來的愉悅。

問題在於，現實中根本沒有色情世界的存在，也沒有通往那裡的窗口，而我們因為色情作品而產生的愉悅感更沒有剛好可言。

色情作品之所以能使觀眾興奮，是因為這是精心設計出的結構。就算影片中的性行為是真的，演員的愉悅有時亦不是假裝，我們仍無法改變色情影片的本質，它們是被精心設計出來的東西。

性的物化，也可能對女性有益

很顯然的，主流色情電影提供的愉悅，來自觀看女性身體，觀看女性的嘴巴、陰道與肛門，一個個等著被插入；但是，除此之外，色情作品也提供了自我認同的愉悅。

主流色情作品描述的，是一個非常特定的性行為模版，而在這種模版中，大致上女性都很渴望男性能確立他們的性權力，接著再把其中對於身分認同的特定焦點傳達給觀眾。

主流色情作品的主要受眾是男人，這不只是因為消費者大多是男性，從視覺邏輯的觀點看來也是如此。色情作品的視覺邏輯，會吸引觀眾把自己投射成男性演員，英國女性主義電影理論家蘿拉．莫薇（Laura Mulvey）在一九七五年，於突破性的論文〈視覺快感與敘事電影〉（*Visual Pleasure and Narrative Cinema*）中，將這種狀況下的男性演員稱作「螢幕代理人」。

有些公民自由主義者指出，色情作品在表達一種觀點，而這個論述遠比他們以為的還要更正確。色情作品中的鏡頭，不會停留在男性的臉上，甚至男性的臉根本不會出現，基本上，鏡頭的位置往往會複製男性視角。

在拍攝到男性身體時，這具身體總是主動的，等同影片中各種動作的代理人，他是推動慾望與描述過程的源頭。影片唯一會花時間真正拍攝的男性身體，只有勃起的陰莖，而這根陰莖代表的就是觀眾的陰莖。

當然，這位男演員的陰莖一定會比觀眾的還要更大、更硬，而且影片會使觀眾在觀影的過程中忘記這一點，正如莫薇寫道：「男影星的絕佳魅力……不是那些受到凝視的性慾特徵，而是更完美、更完整、更強大的理想自我。」

每個人都知道，成人影片的結尾，幾乎都是射精的那一幕。在《色情電影製作人指南》中（*The Film Maker's Guide to Pornography*），也指示道：「如果你的影片裡沒有射精的話，你拍攝的就不是色情影片。」

而這些精液，往往會射在女性身上，鏡頭則會定格在精液上。如果觀眾能抓到正確的時間點，那麼，這些射在女人臉上和胸前的精液，就等於是自己的精液。

在上述情節中，女性觀眾又站在什麼位置？主流色情作品的支持者會說，許多主流色情作品的消費者都是女性，但是，這並不能說明色情作品對女性觀眾會或不會帶來什麼影響。

我們可以假設女性觀眾靠著色情作品自慰，但她們會把自己當成影片中的誰？最顯而易見的答案是，觀看主流色情作品的女人，把自己看成螢幕上的女人，而這些女人的性愉悅，來自男性展現的渴望，也來自男性透過身體與心靈上的主導（命令、要求、推壓、大力插入）而帶來的滿足感。

如果套用加州大學（University of California）美國電影教授卡洛・克洛弗（Carol Clover）的說法，這些觀眾「看得一清二楚」（take it in the eye）[26]。

但是，女性觀眾的身分認同，也可以是螢幕上的男性，而這時候，她們會成為命令的角色。左翼散文家威利斯問道：「女人因為強暴幻想而性興奮時，她的身分認同，是否有可能同時是強暴者與被害者？」

威利斯用「有可能」這個語氣，我認為太過柔和。我們可以合理推測，這種性反轉的身分認同非常普遍，或許和傳統的身分認同一樣常見，女人在身為觀眾時，很有可能會在男性代理人與女性性對象之間來回擺盪。

我們可以輕易看出，為什麼許多女人（不只是正在面對過去強暴創傷的女人）能在虛假的角色反轉中受益，**還有一些女性會在有關強暴的色情作品中，看見演員同意表演非合意性交，因而對她們產生身分認同，從中獲得慰藉。**

同理，性的物化也有可能為女性帶來益處。杜克大學女性主義研究教授珍妮佛．奈許（Jennifer Nash）指出，像華克與柯林斯這樣的女性主義者，都太急於譴責主流色情作品，在描寫黑人女性時使用的方式，會使黑人女性在種族與性上受到次等化。奈許說，這種影片對於白人男性與黑人女性觀眾來說，可以表現出黑人是愉悅與性興奮的核心。

其實，反過來想，在色情作品中缺席，就像在影片中出現一樣，同樣可視為壓迫的象徵；舉例來說，很少有色情作品展現對於美國印地安原住民或達利特女性的喜愛，這難道能證明這些族群沒有受到壓迫嗎？

另外，哲學家萊斯利．格林（Leslie Green）討論主流男同性戀的色情作品時，其觀點與奈許不謀而合。格林認為，雖然主流男同性戀的色情作品，會回收再利用異性戀色情作品的主要元素：陽剛支配與陰柔順服。

但是，這種作品依然能使男同性戀強烈感知到自己是性對象，因為相較之下，男同性戀的一生，其實主要都在被他人拒絕，並被告知：「你不是我在性方面渴望的對象。」

格林說：「若沒有這種感知，男同性戀的性行為仍然可以是靈性、政治或充滿知識的，但卻沒辦法是火辣、鹹溼或充滿樂趣的。」

他的論點都很正確，反色情作品的女性主義者，太過相信自己的假設了，他們以為螢幕上的性別支配與種族支配影像，只會加劇實際生活中的性別支配與種族支配。

接著，向來以無法受控聞名的潛意識，毀滅了這個單一化的想像：誰能確定色情作品會如何影響我們的顯意識心理對好壞的定義？不過，值得一提的是，色情作品理論學家認為，鮮少有男性在觀看強暴類別影片時，會對被強暴的女人產生身分認同，或者，白人男性在觀看跨種族色情作品時，也不常對黑人女性產生身分認同。

26 也有射精在眼睛上的雙關之意。

我們還可以繼續提問：為什麼女性觀眾必須轉變成男人，才能運用權力？為什麼陰柔的男同性戀或黑人女性，必須看著和他們相似的人被擺布，才能知道自己的陰柔特質與黑人身分受到他人渴望？

我不是在說，這種需求是虛假的，也不是在說我們可以把性別主義與種族主義的色情作品，重新運用在這種目的上；我只是想知道，為什麼一開始會有這種需求存在，而我們又可以把色情作品的力量，破壞或轉換到什麼程度。我在提出請求，希望在被壓迫的同時，我們不要把談判的必要性和解放的象徵搞混。

你的性偏好，一大部分是A片調教出來的

同時，我也想要求女性主義者，不要小看主流色情作品的力量。網路上有一個迷因叫做第三十四條守則（Rule 34），該迷因的主旨是：「只要是這世上存在的事物，就一定有相關的色情作品，沒有例外。」

這句話說得很對，在全球最大的幾個色情網站上，你可以找到各種事物或主題，來滿足你的罕見需求，甚至也能滿足政治方面的別緻品味，例如由年老或視障成人演員出演、女人用假陰莖和男人性交、用氣球自慰、《星艦迷航記》（*Star Trek*）角色扮演等。

但是，這並不代表色情世界完全不會限制怪異渴望與個人性癖。色情作品就像其他形式的文化一樣，具有強烈的趨勢與主題性。在PornHub列出的二〇一七年前二十名最受歡迎的影星中，只有兩名是非白人；其中，所有影星都是身材纖瘦、身體健全、氣質陰柔的順性別（cisgender）[27]女性，每個人都用蜜蠟除毛，把自己變成青春期前的無毛狀態。

人氣排名第十七的演員派珀・佩瑞（Piper Perri），體重四十一公斤，身高一百四十七公分，和《蘿莉塔》中的女主角身高相同，這是巧合嗎？佩瑞為她完美整齊的牙齒戴上牙套，看起來最多十四歲。

但是，免費的線上色情作品，不只反映了早已存在的性偏好。PornHub這一類網站，往往會使用一套複雜的演算法，其邏輯和YouTube與亞馬遜（Amazon）使用的算式相同，這些演算法會依據蒐集到的數據，來學習並形塑使用者的偏好。

而且，這些數據不僅包含使用者的搜尋歷史，還包括他們的所在地、性別與他們通常會在哪個時間點上線。接著，演算法提供給使用者的影片，將是相似的使用者喜歡觀看的內容，將他們的性偏好變得從眾。

27　一個人的性別認同，與出生時指定性別相同。

除此之外，演算法還會教導使用者運用網站內的分類方式，來思考性行為。正如《色情作品產業》（*The Pornography Industry*）的作者席拉・塔蘭特（Shira Tarrant）所觀察到：「如果你對於雙人口交這一類的事物感興趣，並在瀏覽器上搜尋這個詞彙的話，你找到的會是兩名女人為一名男人口交……你不太可能會找到兩名男人或兩個人為一名女人口交。」

她接著說：「線上色情作品使用者，不一定會注意到自己使用色情作品的模式，其實有很大一部分皆由企業形塑而成。」

當女演員超過可以扮演青少年的年紀，又沒有大到足以出演MILF時——也就是歲數落在二十三到三十歲之間——她們幾乎找不到任何拍攝機會，而這就是PornHub演算法幹的好事。

色情作品具有強大的力量，有些人希望能夠透過教育，來中和色情作品帶來的影響，但顯然，他們低估了色情作品的力量；擁有力量的不是與色情作品相關的論述，而是影片本身。

女性主義色情作品與獨立酷兒色情作品的創作者，心裡都知道這一點。從某種層面上來說，這些創作者提供的，是另一種形式的性教育，他們的目的在於揭露於異性戀主義者、種族主義者與健全主義者（ableist）[28]的情慾標準中，不被認同的身體、行為與權力分配，都同樣性感。

一九八四年，美國製片人兼色情演員坎蒂達・羅亞蕾（Candida Royalle）設立了史上第一個女性主義色情作品出版商——女人製作公司（Femme Productions）。羅亞蕾在拍片時，會避開男性射精的鏡頭，她說：「身為女演員，我必須問：『為什麼要有這些鏡頭？』而他們回答我：『為了證明這件事真的發生了。』」

為了避免強化強暴迷思，她還找了性治療師擔任顧問，並藉由演員之間有關雙方合意的對話，為強迫性行為的場景，提供前後脈絡。

在羅亞蕾的帶領下，新世代色情作品製造者與演出者紛紛開始在製作色情作品時，試著反抗社會的霸權理解，像是哪些身體與行為能使人感到興奮、哪些人的愉悅比較重要等。我們不能忘記，幾乎在所有主流色情作品中，男人都能獲得真正的性高潮，女人則是假裝的。

巴塞隆納的女性主義色情片導演暨製作人艾莉卡．拉斯特（Erika Lust）指出，她會進入獨立色情作品產業，都要歸功於琳達．威廉斯（Linda Williams）以色情影片為主題的學術論文《硬核》（*Hard Core*）。

拉斯特拍攝的成人影片非常美麗，敘事與情感方面富含複雜性，被尋求歡愉的平等主義精神所驅動。看到預告時，甚至會覺得這些影片是藝術電影，而從某種意義上來說，它們確實是藝術電影。

---

28 有健全主義（ableism）傾向的人，健全主義是對殘疾人士的歧視和社會偏見。

夏因・路易絲・休斯頓（Shine Louise Houston）是一名黑人酷兒色情片導演，她在舊金山藝術學院（San Francisco Art Institute）取得電影學位，其作品《高潮公寓》（*The Crash Pad*）被譽為歹客（dyke）[29]色情作品中的經典邪典片。

休斯頓最為人所知的，是她在影片中呈現酷兒與非白人性代理人的方式。她的演員不會按腳本演戲，而是會一起決定他們想要做什麼；無論在拍片時，他們做了哪些性行為，拿到的都是固定費用，藉此抵抗市場通常會強制執行的嚴格財務等級制度，如肛交價格高過陰道交、兩根陰莖同時插入的價格高過一根，異性戀性行為的價格高過女同性戀性行為等。

在休斯頓的線上影片平臺Crash Pad Series中，演員對自己的描述都不同，包括非異性戀的T（butch）[30]、女巫[31]、跨性別女同性戀、跨性別歹客、「非人類女性」、熊（bear）、性別酷兒獨角獸、陽剛化不分跨性別女孩非二元性別（non-binary）[32]歹客、性愛好者、跨性別男性施虐狂性雜食者。

這些影片都有內容警告，如「雙方合意的非合意性交」與「幕後花絮」影片等，演員會在拍攝完畢後，於幕後花絮中解釋劇情。

全球規模最大的色情作品產業之一位於日本，日本和世界各地的色情作品產業一樣，都因為如今出現越來越多未受審查的免費色情作品，而蒙受損失[33]。不過，女性導演（甚或是具有自我意識的女性主義者）為女人拍攝的色情作品，其實有很大的市場。

簡單來說，這裡的問題在於，女性主義色情電影與獨立色情電影非常罕見。就算這兩種電影的數量足夠——假設國家利用性別與種族平等計畫，贊助這些導演與演員——這些作品也很難納入性教育的課綱。

事實上，在許多地區，把這類素材拿給十八歲以下的未成年人觀看是違法的，而在某些國家，光是鼓勵未成年人觀看就是犯法。

其實，這也是學校在教導色情作品識讀能力時會遇到的問題，畢竟，如果不能把文本拿給學生看的話，究竟該如何教導學生閱讀這些文本？

我的學生全都已經超過十八歲，其中有許多學生樂見市場出現不同種類的色情作品。但是，也有許多人覺得，這對他們來說已經太遲了，自己的年紀已經大到無法改變慾望。

29 對女同性戀的貶稱，常被女同性戀者用來稱呼自己或其他女同性戀者。

30 指女女性行為中的主動角色，或是外表偏陽剛的女同性戀；相對的，外表偏陰柔的女同性戀則稱為femme，臺灣常稱為P；至於不分陽剛或陰柔的女同性戀，則稱為不分（futch），臺灣常稱為H。

31 近年，LGBT社群（詳見第一五七頁）對巫術的興趣急遽增加，原本大家熟悉的女巫，有著代罪羔羊與受害者的形象，與LGBT社群中許多人面臨的迫害非常相似；現在，許多人為自己貼上女巫的標籤（不限性別），藉此為自己的身分賦權。

32 非二元性別指一系列不完全是男性或女性的性別認同，於英文可簡稱為enby。

33 日本法律要求所有色情作品中，生殖器都必須打馬賽克，而這種規定帶來的意外後果之一，是風格強硬的色情作品大量增加，也使強暴類型作品與兒童色情動畫變得合法。

也就是說，儘管網路具有無限的可能性，但這些網路世代的孩子，卻發現自己只剩下一種可能性，其他全都消失了。

隨著網路色情作品逐漸增加，我們越來越常聽到人們指出，年輕人需要的是更好、更多樣化的性論述。但這個目標不僅很難達到，除此之外，我們還必須面對更原則性的意見。

在要求色情作品做出更好的論述的同時，我們等同放棄了螢幕上的邏輯，而依照這套邏輯，性必須受到調節；與此同時，人們的想像也受到螢幕的限制，只懂得模擬已經吸收的內容。或許，如今沒有任何人能逃離螢幕附加在我們身上的邏輯，若真是如此的話，那最好應對方式，也就只有「更好的論述」了。

但這樣的推論很有問題，雖然影片中的性行為，似乎打開了一個充滿了性之可能性的世界，但同時，這些性行為也會切斷關於性的想像，使想像力變得虛弱、無法獨立、懶惰、受規定限制。

人們對性的想像，正在變成一臺專門模擬的機器，無法產出屬於自己的創新想法。德沃金在《性交》（*Intercourse*）一書中，警告了這種發展：

想像力並不是性幻想的同義詞，性幻想只不過是一卷已經程序化的錄影帶，不斷在罹患嗜睡症的心靈中，一遍又一遍的重複播放（真是悲哀）；想像力則能讓你找到新的意義與形式，帶來複雜又具同理心的價值與行為。

擁有想像力的人，會在想像力的推動之下前進，走入一個充滿機會與風險、意義與選擇的獨特世界，而不是走進一個充滿了操縱符號、只會產生機械反應的荒涼垃圾場。

在我看來，如果性教育想賦予年輕人的，不只是更好的「機械反應」，而是充滿勇氣的性想像力，那麼，這樣的性教育必須是消極的。這種性教育，不會堅持用自己的權威來告訴年輕人性的真相，而是會提醒他們，真正擁有權威、能決定性在當下與未來具有什麼意義的人，是他們自己。

他們可以選擇，把性保持在前幾個世代的狀態——暴力、自私又不平等。他們也可以選擇讓性變得更愉悅、平等、自由。目前，我們還不知道社會要如何靠著消極教育，來達到這個目標。而至今，政府尚未擬定任何相關法規，也沒有可以輕鬆推出的課程。

我們真的應該遏止的，不是色情作品的言論或形象，而是色情作品的攻擊性。或許，我們要一直等到這種消極教育的出現，才能喚起關於性的想像，回想起它丟失的力量。

第三章

所有女人都是瘟疫，必須隔離起來

二〇一四五月二十三日，二十二歲大學休學生艾略特・羅傑（Elliot Rodger），成了全世界最廣為人知的非自願守貞者。

英文單字incel，是involuntary celibate（出自非自願因素而單身或禁欲）的縮寫。理論上來說，這應該是男女通用的詞語，但如今多用來指沒有性生活的男性，這種男性認為自己理當擁有性，卻被女性剝奪了他們的性生活，因此對女性非常憤怒。

當時，羅傑住在加州南部聖塔芭芭拉郡伊斯拉維斯塔區的塞維利亞路（Seville Road）上，他在兩名室友王偉漢（Weihan Wang）、洪晟元（Cheng Hong）與其朋友陳喬治（George Chen）進入公寓時，持刀殺死三人。

數小時後，他驅車前往加州大學聖塔芭芭拉分校（UC Santa Barbara，簡稱ＵＣＳＢ）的阿法斐（Alpha Phi）姊妹會租的宿舍。他在屋外開槍射擊三名女性，其中兩人凱薩琳・庫柏（Katherine Cooper）與維若妮卡・魏斯（Veronika Weiss）中槍身亡。

接著，羅傑開始在伊斯拉維斯塔區開車沿路隨機掃射，當時在熟食店的ＵＣＳＢ學生克里斯多福・麥可斯－馬丁納斯（Christopher Michaels-Martinez）被一發子彈射進胸口，當場身亡，另外還有十四人受傷。

最後，羅傑開著他的ＢＭＷ雙門跑車，撞上一臺停在路邊的車子後，舉槍自盡，警方在車內發現他的屍體。

羅傑在公寓內刺死三名男性後，經過了數小時的空檔，才開車前往阿法斐姊妹會。他在這段空檔，到星巴克（Starbucks）點了一杯咖啡，並上傳了一支影片到他的 YouTube 頻道上，名為〈艾略特・羅傑的復仇〉（*Elliot Rodger's Retribution*）。他還把長達十萬七千字的回憶錄式宣言《我的扭曲世界》（*My Twisted World*），用電子郵件寄給多名收件者，其中也包括他的父母與治療師。

這支影片和這份宣言，詳細描述了接下來的殘殺事件與羅傑的動機。他在宣言中解釋：「我只是想要融入這個社會，並過上幸福快樂的生活罷了，但我卻被這個社會驅逐與拒絕，被迫忍受孤獨又無意義的人生，這全都是因為人類女性太過無能，看不到我的價值。」

接著，他描述自己在英國度過的童年，是如何充滿特權又幸福快樂，羅傑的父親是一位成功的導演；後來，又談到在舊金山度過的青少年時期，是如何充滿特權卻鬱鬱寡歡。

羅傑個頭矮小，不擅長運動，個性害羞又容易尷尬，是個沒有朋友的青年，迫切渴望自己能變得更酷。

他說，他曾把頭髮染金（他是白人與馬來西亞華人混血），因為他覺得金髮的人「漂亮多了」，並在《最後一戰》（*Halo*）與《魔獸世界》（*World of Warcraft*）這兩個遊戲中找到庇護。

羅傑曾經在夏令營被一名漂亮的女生猛推，他說：「這是我初次體驗到女人有多殘酷，我直到現在依然身心受創。」同時，對同儕的性生活感到憤恨：「就連那個又醜又低等的黑人，都可以把到白人女生了，憑什麼我把不到？我這麼好看，而且我還是半個白人。我是英國貴族的後裔。他不過是奴隸的後裔罷了。」

自從他接連從多間學校與社區大學休學，羅傑開始幻想在他統治全世界後，要制定何種法律並禁止性行為，他表示：「所有女人都是瘟疫，必須隔離起來。」

羅傑說，以上現象所帶來的結果，就是他必須發起對女人的戰爭。由於女人剝奪了他的性生活，所以他要懲罰所有女人。羅傑將目標放在阿法斐姊妹會上，因為這是UCSB最辣的姊妹會，其中的成員「正是我最痛恨的那種女人……火辣又美麗的金髮女人……既嬌縱又沒心沒肺的邪惡賤貨」。他要讓所有人知道，他才是最優越的人。

二〇一七年底，線上論壇Reddit關閉了一個非自願守貞者互助社群，這個社群有四萬多名成員，專為缺乏戀愛關係與性行為的人所設立。

Reddit在關閉社群之前，引進了一個新規定，禁止鼓勵、美化、煽動或號召暴力行為的內容。一開始，這個互助社群是為了連結孤獨且缺乏性生活的人而設立，但後來，社群使用者不但在這個平臺上抒發他們有多恨女人、有多厭惡能夠睡女人的非守貞者（noncel）與糯米（normie）[1]，甚至還頻繁的提倡強暴。

而後，又有第二個非自願守貞者社群「真非自願守貞者」（Truecels），因為違反Reddit新規定而被關閉。該社群在網站右邊的介紹欄寫道：「不得鼓勵或煽動暴力行為與其他違法行為，例如強暴。但你當然可以說一些其他的話，譬如：政府應該減輕強暴的刑罰，或政府應該立法規定賤女人活該被強暴。」

羅傑犯下凶殺案後，非自願守貞者在男性圈（manosphere）[2]中討論，女人與女性主義應該要對這個事件負起最終責任，因為只要其中一個「邪惡賤貨」當初願意和羅傑性交，羅傑就不會殺死任何人了。

女性主義評論者立刻指出這個很明顯的事實：沒有任何女人有跟羅傑性交的義務，羅傑對性權利（sexual entitlement）[3]的概念，很適合作為父權意識形態研究的案例，他在性權利方面遇到挫折時，會產生這麼極端的反應，其實是可預期的發展。

這些評論者沒指出的是，女性主義遠不是羅傑的敵人。**女性主義在努力對抗的正是讓羅傑（一名矮小、笨拙、陰柔的混血男孩）覺得自己不夠格的系統。羅傑的宣言指出，霸凌他的絕大多數人都是男孩，而非女孩；他們把他推進置物櫃中、嘲笑他是魯蛇、處男。**但是，因為他認為從他身上剝奪性的是女孩，所以女孩才是必須被毀滅的人。

1　一個非常主流的普通人，但通常帶有貶義，指不屬於特定團體或次文化，卻表現出想要融入的樣子。
2　一系列網站、部落格和論壇，共同點是都宣揚男子氣概、厭女、反對女性主義。
3　一種認為自己有權獲得性快感、他人「欠」自己性行為的信念。

我們能不能說，羅傑的「不可幹性」（unfuckability），象徵了女人內化了父權常規中的男性性魅力？答案很複雜，背後有兩個原因：第一，羅傑原本就是一個令人害怕的人，他之所以能朝室友與朋友刺一百三十四刀，至少有一部分原因在於他堅持要守護自己的美學、道德觀、種族優越感等，而不是因為他無法擁有足夠的男性陽剛氣質，因而無法吸引女性。

第二，許多沒有殺人傾向的木訥男性都有過性經驗。事實上，非自願守貞者和其他男權擁護者都沒有發現，父權主義的其中一個不公義之處，在於原本應該缺乏魅力的男性，也能變得有魅力：科技宅、書呆子、柔弱的男人、老男人、擁有老爸身材（dad bod）的微胖男人……都有人喜歡。

與此同時，我們有性感女學生、火辣女老師、傻氣的精靈系夢幻少女、熟女等，但這些女人全都體態緊實又身材火辣，都來自同一個標準模版，只有做過小幅度的變化。你能想像《瀟灑》（*GQ*）寫一篇文章，來讚美擁有「老媽身材」的微胖女人嗎？

儘管如此，羅傑想要性交的對象——火辣的姊妹會金髮女性——確實會把羅傑排除在約會對象之外，就算他看起來既不令人害怕、也沒有殺人傾向，也得在矽谷大賺一筆後，才會成為這種女人看得上的對象。

而這項事實，和父權主義強制執行的嚴格性別規範有關，父權主義支持者相信，阿爾法（alpha）[4]女性想要的是阿爾法男性。事實上，羅傑的慾望（他只對那些「嬌縱傲慢的金髮蕩婦」有性慾）本身就是父權主義的功能之一，同時，他的慾望也使「火辣的金髮蕩婦」變成所有女人的代稱。

在男性圈中，許多人興高采烈的指出，羅傑甚至沒有成功殺死他渴望的女人，這件事就像是認證了他位處於歐米加（omega）[5]的性狀態。兩位受害人庫柏和魏斯，都來自Delta Delta Delta姊妹會，但並不是火辣的金髮女人，只是剛好經過阿法斐姊妹會外面而已。

女性主義者在評論羅傑與非自願守貞者現象時，通常都會談到男性的性權利、物化與暴力。但是，目前為止，這些評論鮮少提及慾望，也就是男女的慾望，以及意識形態如何形塑這些慾望。

過去，若你想要找人對慾望做政治批判，找女性主義者就對了。數十年前，社會上幾乎只有女性主義者在思考，壓迫是如何形塑了性慾望以及性慾望的對象、表達、戀物與幻想。

一九六〇年代晚期與一九七〇年代的基進女性主義者認為，我們應該要放棄佛洛伊德式[6]

4 社會性動物社群中地位最高的個體，可能為雄性或雌性。近年常將男性分成阿爾法、貝塔（beta），呼籲男性成為引領眾人的阿爾法，而不是只會盲從的貝塔，但此理論已被證實為偽科學，主要由非自願守貞者使用這些標籤。

5 位於阿爾法與貝塔之後的階級，領導能力與企圖心皆吊車尾。

6 與心理學家西格蒙德·佛洛伊德（Sigmund Freud）的思想或方法有關，尤其是關於人們隱藏的思想和感受，如何影響他們的行為。

的觀點，也就是麥金儂曾描述的：性慾望是一種與生俱來、原始、自然、先於政治、無條件的驅動力，我們依照生物性別的界線區分這種驅動力。

當時的基進女性主義者主張，我們必須承認，正是父權主義使性成為我們所知的性。性是一種男性負責支配、女性負責順服的行為，而依照麥金儂的闡述，性的情緒由敵意與鄙視組成，也就是主人對奴隸的性興奮；也可能同時感到敬畏與脆弱，也就是奴隸對主人的性興奮。

對於所謂的反性女性主義者來說，若有女人能在這種狀況下獲得愉悅，代表社會已經變得非常糟糕。許多反性女性主義者認為，解決之道就是拒絕與男人性交和結婚。

其實，這樣的看法對於一九六九年，美國基進女性主義活動家蒂格蕾絲·阿特金森（Ti-Grace Atkinson）在紐約成立的女性平等團體——女性主義者聯盟（The Feminists）來說，就是真相。他們執行的其中一條規則是，團體中和男人結婚或同居的成員，必須少於三分之一。

這樣的配額代表女性主義者聯盟確信，女性主義不但必須設法獲得女人想要的東西，更重要的是去改變女人想要的事物。

一九六八年，在波士頓成立的女性主義團體「細胞十六號」（Cell 16），則實踐的是性分離主義（sex separatism）[7]、單身主義與空手道。此團體的首要任務是閱讀索拉納斯的著作《人渣宣言》，其內文寫道：

女性可以輕而易舉的訓練性衝動，使自己獲得完整的冷靜、理智與自由……在女性超越自己的身體時……那些用陰莖建構自尊的男性就會消失。

細胞十六號的創辦人羅克珊・鄧巴—歐蒂茲（Roxanne Dunbar-Ortiz）也和索拉納斯抱持類似的看法，她注意到：「有些人在經歷過完整的性行為之後，因為厭惡而選擇保持單身，這些人最為清醒。」

怎樣才是真正的性解放？

雖然一九六〇年代晚期與一九七〇年代早期，所有基進女性主義者都把性當成父權主義的一種結構，但有些女性主義者打從一開始，就反對女人必須把自己的慾望與政治放在同一個標準上。

如歷史學教授愛麗絲・埃克斯（Alice Echols），在針對美國基進女性主義者的研究《敢

7 此處應指性別分離主義（feminist separatism），一種反對父權制的理論，相信可以通過分離女性與男性來實現。

於使壞》（*Daring to be Bad*）中所描述，自稱擁女（pro-woman）的女性主義者，把女人和男人的性與婚姻，看做多數女人的合法渴望與策略性必需品，等於女人可以用這種方法獲得政治權力或資源。她們認為，這並不是父權思想導致的後果。

女人需要的，不是擺脫她們對異性戀婚姻的虛假慾望，而是讓社會以更平等的方式，重新看待異性戀婚姻。

在一九六九年，激進女性主義者費爾斯通與威利斯建立了基進女性主義團體「紅絲襪」（Redstockings），團體宣言中堅稱女人的順服並不是洗腦、愚蠢與心理疾病帶來的後果，而是由男人每日持續施加的壓力導致，她們不需要改變自己，反而需要改變男人。

接著寫道，紅襪與其他擁女女性主義者要拒絕「個人的解決主義」（personal solutionism），也就是拒絕細胞十六號與女性主義者聯盟等團體的分離主義，所帶來的革新機會。

對於擁女女性主義者來說，這種激進敘述已經預先假定一種錯誤的二分法，認為應該要區分出「真正的」女性主義者與蒙昧無知的女性主義者，後者在和男人建立關係的同時，就背叛了她們的革命志業。

從擁女女性主義者的觀點來看，所有女人都應該要參與談判與和解，而真正的解放，需要的不是個人的改變，而是整體結構的轉型。

資料指出，一名紅絲襪的著名成員曾在會議上宣稱：「在革命成功之前，我們是不會離開這個殖民地的！」另外，我們可以從這位成員選擇的比喻中看出，紅絲襪就像多數基進女性主義團體一樣，大部分成員都是白人。

擁女的女性主義者也同樣擔心，反性女性主義者會因為急著想消除父權主義，而共謀否認女人的性慾。這樣的擔心並非無的放矢，威利斯還記得阿特金森參加了紅絲襪的某一次會議，並在會議上用「非常居高臨下的態度」指出：「性慾只存在於我的腦袋裡。」

不過，**儘管擁女女性主義者堅持女人的性慾真實存在，但整體來說，只要超出異性戀傾向的範圍，他們就不那麼積極捍衛女人的慾望正當性了**。他們認為，異性戀婚姻是實用主義上的必需品，也是女人會本能渴望的事物，同時也指控女同性戀逃離性慾的戰場，並疏遠主流女性。一位離開紅絲襪的女同性戀者表示，這個團體在論及女同性戀時，就沒那麼擁護女人了。

在恐同傾向這一方面，擁女女性主義者意外的和反性女性主義者站在同一個陣營。他們之中有許多人，都認為女同性戀對其他女人來說，是具有男性身分認同的性威脅。

而後，身為女性主義者的女同性戀開始極力堅持，她們的政治理念與性方面的身分認同可以相容，並把女同性戀主義（lesbianism）[8]定義成一種政治團結，而不是天生的性傾向。

8 女性在情感上或性上，被其他女性所吸引的傾向，或形容被如此吸引的狀態。

一九七一年成立於華盛頓特區的基進女同性戀團體憤怒集體（The Furies Collective）則認為：「在女同性戀主義中，最重要的不是性傾向，而是每一位想要終結男性霸權的女人，都應該要做出的政治選擇。」

於是，反性女性主義者的單身主義案例，被拿來當成女同性戀的論據。不過，這種論據十分特殊，人們開始把政治性女同志視為女性解放運動的先鋒，而這時，擁女女性主義者對這些女同性戀者，提出他們先前曾對反性女性主義者提出的指控，認為政治性女同志對於個人轉型的興趣，遠大於政治對抗，而政治性女同志的回覆，是反過來指控他們支持男權。

英國也出現過類似的狀況，在一九七〇年，全國女性解放運動會議（National Women's Liberation Conference）在英國牛津的拉斯金學院（Ruskin College）舉辦開幕儀式。

在學術與政治上主導英國第二波女性主義的，包含朱麗葉．米歇爾（Juliet Mitchell）、莎莉．亞歷山大（Sally Alexander）與席拉．羅伯薩姆（Sheila Rowbotham）等社會主義女性主義者。

這些女性主義者認為，女性解放的核心應該是打擊資本主義的剝削，而男性左派分子則是雖不完美卻很重要的盟友。部分女性主義者抱持反對意見，成立了分離主義者相關團體。

但一直到一九七七年，社會主義女性主義者，與那些認為根本敵人是男人而非資本主義的女性主義者之間，才出現決定性的分裂。於倫敦舉辦的第九次女性解放運動會議中，傑佛瑞斯拿出了一份名為〈革命女性主義的必要性〉（*The Need for Revolutionary Feminism*）的報告，她在報告中指責社會主義女性主義者沒有意識到，女性受壓迫的根源其實是男性暴力，而不是資本主義者的剝削，也指責他們把「改良者」（reformist）的需求，描述得像是社會主義化、由政府提供的托兒服務一樣。

「女性解放運動是一種威脅，也應該被視為威脅，」傑佛瑞斯說，「我看不出來，用男人在一旁泡咖啡的特百惠（Tupperwave）[9]派對，來代表女性解放運動有什麼用處。」

在英國女性主義者中，有一群支持傑佛瑞斯又直言不諱的少數派，成立了幾個分離主義的團體，其中一個是利茲革命女性主義者團體（Leeds Revolutionary Feminist Group），這個團體最著名的，是他們出版的小冊子〈政治性女同性戀主義〉（*Political Lesbianism*）。

隔年的會議地點在大型工業城市伯明罕，革命女性主義者提案，希望能廢止女性解放運動在上次會議中，決定要提出的六大要求，他們認為父權國家與男人是我們的敵人，向敵人提出要求非常可笑。

9 特百惠是專門販賣塑料食品容器的美國家居用品品牌，於一九五〇年代和一九六〇年代，數以千計的女性開始銷售特百惠商品；特百惠的營銷策略，是透過舉辦派對來銷售產品，讓女性可以在擔任家庭主婦的同時賺取收入，而且這種派對主要依賴刻板印象中的家庭主婦特徵，如派對策劃、舉辦派對、維繫朋友和鄰居的社交關係等。

會議把這項提議排除在議程之外，而革命女性主義者宣稱，主辦方是刻意這麼做的。等到這項提議終於在會議中提出後，社會主義女性主義者立刻強烈反對，導致革命女性主義者開始刻意打斷其他講者，並透過唱歌的方式抗議。

兩個派別開始激烈爭論，關於男性性暴力這個症狀，到底是源自男性霸權還是階級壓迫等其他社會問題，以及女性主義者是否應該為女同性戀傾向，提供特殊保護。

在這之後的會議過程中，幾乎沒有人能聽到大喊大叫以外的聲音，有些人從講者手中搶走麥克風，許多女人到最後只覺得沮喪又嫌惡。在伯明罕舉辦的全國女性解放運動會議，既是第十次會議，也是最後一次會議。

隨著女性解放運動從一九七〇年代延續到一九八〇年代，這幾條戰線也越來越激烈。自一九七〇年代中期，美國反性女性主義者與英國那些受到的影響較小的革命女性主義者，都越來越關注色情作品的議題，對許多女性主義者來說，色情作品已經變成整個父權主義的象徵。

整體來說，當時反色情作品的女性主義者依然抱持著恐同心態，大力反對女同性戀的施虐受虐行為，認為這種行為是父權主義再現。

包括威利斯在內的許多女性主義者，都因為眾人對色情作品的關注而感到不安，他們不安的理由和擁女女性主義者為什麼反對激進的單身主義相同，他們認為，這些行為會壓迫女性的性慾。

但是，也有許多女性主義者想要遠離擁女的陣線，擁女的女性主義者認為，最適合多數女人的理想狀態是一夫一妻制的異性戀婚姻。威利斯在擁女與反性這兩種極端女性主義之間穿針引線，領導眾人走上發展擁性女性主義者的道路。

她在發表於一九八一年的經典文章〈慾望地平線〉（*Lust Horizons*）中指出，擁女與反性的女性主義，都強化了一個傳統觀念：男性渴望性行為，而女性只是容忍性行為。

這種觀念的主要影響，是降低女性在臥室（與暗巷）之外的自主性。威利斯寫道：「這兩種形式的女性主義，都要求女人用虛假的道德優越感來代替性愉悅，用限制男人的性自由來代替真正的權力。」

威利斯從同一個時代的LGBT[10]權利運動中獲得啟發，她和其他擁性女性主義者堅持女人本來就是性的主體，她們的同意、說出的「好」和「不要」，具有道德上的決定性。

從威利斯的時代一直到現在，女性主義對交織性的需求，再三加強了擁性女性主義的論點。考慮到種族與階級對父權壓迫程度的影響，女性主義者不願意提出任何通用的解決方案，

10　LGBT泛指非傳統二元性別認同者與非傳統二元性傾向者，L代表女同性戀者（Lesbian），G代表男同性戀者（Gay），B代表雙性戀者（Bisexual），T代表跨性別者（Transgender）。

包括通用的性政治行動。

社會往往期待中產階級的白人女性成為家庭主婦，因此，這些女性需要進入職場的平等權益，但社會同時也期待黑人女性與勞工階級的女性，要和男人一起勞動，而這些女性進入職場的需求則沒那麼高。同理，對於天生就是白人，且符合美女標準的女人來說，性的自我物化代表的意義，當然不同於對黑人、棕色人種或跨性別女性的意義。

對交織性的需求，同時也加深了女性主義者用虛假意識（false consciousness）[11]思考時的不適感受，也就是認為和男人發生性關係與結婚的女人，都已經把父權主義內化了。

如今，女性主義者大多認為，最重要的是去相信女人所說的話。許多女性主義者堅信，如果一名女人表示自己很享受在色情產業工作，或是很喜歡靠著和男人性交賺錢、沉浸於強暴幻想中，抑或是喜歡穿高跟鞋，那我們就應該要相信她。

就算她不但享受這些事物，還覺得這些行為讓她感到解放，她利用這些行為實踐女性主義，我們一樣要信任她。

這並不只是一種認知上的宣言，在一名女人說出自己的感受時，我們有強烈的理由，相信她說的話是真的（不過這種強烈的理由並非不可推翻）。

這也是一種倫理上的宣言（倫理的成分甚至可能比認知還要高），當女性主義者如此自由的表達欺騙自己的言論時，代表這種女性主義有可能反倒會支配原本應該要解放的主體。

金髮辣妹和東亞女性，擁有最高級「可幹性」

事實證明，威利斯在〈慾望地平線〉中的論述確實歷久彌新。自一九八〇年代開始，社會風向一直有利於那些不願針對性渴望進行道德說教的女性主義者，他們堅持唯一能在道德上限制他們依據渴望行動的，只有雙方合意這個界線。

性不再是道德上的是非問題，如今，性就只是單純的想要或不想要而已。從這個觀點來看，**性的基準就像資本主義一樣，可以自由變動**。重要的不是哪些條件形塑了供給與需求的動態，也不是為什麼有些人需要販賣勞動力，其他人則可以購買，重要的是，買家與賣家都同意交易。

不過，若要說性積極代表的是自由主義者籠絡女性主義者的話，又太過簡化。過去好幾個世代以來，女性主義者與同性戀社運人士，都一直努力試著把性從羞辱、汙名、強制、虐待與不想要的痛苦中解放出來。

11 在資本主義社會之中，刻意向無產階級灌輸物質性、意識形態和體制上的誤導性想法，隱瞞無產階級正在被剝削的事實。

在擁性的女性主義觀點中，我們必須強調，從局外人的角度來理解性，終究有其限制；性行為中的部分私人意義，是我們無法用公眾觀點來理解的，有時候，就算去多加深究性行為中的特定狀況也沒問題，就算我們無法想像那種狀況，怎麼可能會沒問題也一樣。

因此，女性主義不但必須對自由在公眾與私人之間的差異提出質疑，也必須堅持這種差異確實存在。

性積極與自由主義，都不願意懷疑慾望的結構，若女性主義忽視了這種趨同現象，無論是有意還是無意，這種女性主義都是虛偽的。第三波女性主義說對了許多事，例如，他們曾說性工作也是一種工作，而且性工作可以變得比多數女性正在從事的工作還要吸引人。

另一件他們說對的事情是，性工作者需要的是法律與物質上的保護、安全和保障，而不是拯救與康復療程。但是，若想了解性工作是什麼樣的工作，像是性工作中交易的是物理與精神方面的哪些事物、為什麼提供服務的大多是女性、付錢購買的大多是男性……我們必須對政治方面的男性慾望，發表一些意見。

同時，我們也得對女性的其他工作發表相關意見，這些工作包括教導、養育、照顧、呵護。在談論性工作時，如果只說一句：「這只是一種工作。」那等於是忘記了，**無論是男人還是女人的工作，都和性息息相關。**

威利斯在〈慾望地平線〉中總結，對她來說，不言自明的是，有共識的伴侶有權擁有自己的性傾向，而威權的道德主義，在女性主義中沒有立足之地。她接著說道：「然而，真正的基進運動必須看向……比選擇權更遠的目標，同時持續關注最根本的問題——我們為什麼要選擇我們所選的事物？如果我們擁有真正的權利，我們會選擇什麼？」

乍看之下，威利斯會提出這樣的論述，似乎是一個出乎意料的反轉。威利斯先闡述了倫理上的理由，把我們的性偏好設為定點（無論什麼性偏好都一樣），保護性偏好免受道德審查；接著又告訴我們，真正基進的女性主義，會準確提出「能夠帶出權威的道德主義」問題，也就是，如果女性真的獲得了自由，她們的性選擇會是什麼樣子？

有些人可能會覺得，威利斯的舉動就像是一邊用左手提供幫助，一邊用右手造成傷害。但或許，她的雙手都在幫助社會。

她告訴我們，女性主義的任務就是將自由的性選擇視為原則，同時也得明白，為什麼事實正如反性女性主義者與女同性戀女性主義者所述，這種選擇在父權主義的環境中，幾乎不可能自由。我想說的是，在我們急著執行前一個任務的同時，很可能會忘記後一個任務。

若我們認為在倫理上沒問題的性行為，遇到的唯一限制只有是否同意，那我們便會逐漸邁入性傾向的同化，而在這樣的同化中，強暴幻想將成為一種原生而非政治上的事實。此外，受影響的不只有強暴幻想。

想想看，火辣的金髮蕩婦和東亞女性，擁有的最高級「可幹性」（fuckability）；黑人女性和亞洲男性，則擁有相對的不可幹性；人們對黑人男性性慾的迷戀與恐懼，還有對身心障礙者、跨性別人士，以及肥胖身體的性厭惡……。

我在這邊說的可幹性，指的不是人們認為誰的身體是可性交的，因為若從這個層面來看，黑人女性、跨性別女性和身心障礙女性，都被視為能「輕易」性交的對象。這邊說的可幹性，指的是人們和誰性交之後能獲得地位，而這些關於可幹性的現實，其實都是政治上的事實。

簡單來說，這才是真正具有交織性的女性主義應該要求我們認真對待的現實。但是，在性積極的凝視脫離了威利斯對矛盾的呼籲後，這種焦點很可能會現實抵消，將其視為先於政治存在的既定事實。

換句話說，性積極的凝視，不但有可能掩蓋厭女傾向，還可能會使人忽略種族主義、健全主義、跨性別恐懼傾向和所有壓迫系統，這些系統將藉由看似無害的個人偏好，緩緩潛入每個人的臥室之中。

他們說：沒有性生活的人，應能合法強暴女性

「Grindr[12]上面那些身材好的人，大多都是把臉遮起來的亞洲男性。」我的一位同性戀朋友這樣告訴我。

第二天，我在臉書上看到 Grindr 出了名為〈翻轉什麼鬼？〉（*What the Flip?*）的一系列 YouTube 影片。

在時長三分鐘的第一集中，一名漂亮的藍髮東亞男人，和一名精心打扮的帥氣白人交換了 Grindr 帳號。最後的結果很殘酷，那名白人登入亞洲人的個人檔案後，發現聯絡他的人少之又少，有的人在傳訊息給他時，還自稱稻米皇后（Rice Queen）[13]，並說他們喜歡亞洲男人是因為他們很擅長當「0」[14]，而且，如果他無視這些訊息，這些人就會瘋狂辱罵他。

與此同時，亞洲人的收件匣裡則塞滿了仰慕者的訊息。在事後的談話中，白人表示他感到非常震驚，亞洲人則開朗的接受現狀。

白人有些無力的說：「你不會是所有人的菜，但總會有某些人覺得你是他們的菜。」接著和亞洲人彼此擁抱。

到了第二集，一名外型類似加拿大男演員雷恩・葛斯林（Ryan Gosling）的肌肉男，和一名臉蛋標緻的微胖男人交換了帳號；還有一集是，一名氣質陰柔的男人與一名陽剛男性互換。

12 供男同志使用的跨平臺社交軟體。
13 喜歡亞洲男人的同性戀，名稱源自許多亞洲人吃白米。
14 0 代表被插入者，英文稱為 bottom；1 代表插入者，英文稱為 top。

這幾集的結果，和人們的預期相差無幾。

在這個影集中，最諷刺的是，Grindr 的本質就是鼓勵使用者依據粗略的身分標籤，把整個世界一分為二，一邊是可以接受的性對象，另一邊則是不可接受的性對象，讓使用者用性的拒絕和接受條件來思考。

我們的性慾早就走在歧視的軌道上，而 Grindr 這麼做只是在加深這條軌道的痕跡。但是，網路交友，尤其是 Tinder 和 Grindr 這種交友軟體的抽象介面，已經把魅力濃縮成了幾個基本要素：臉、身高、體重、年齡、種族、自介是否幽默；其實回頭想想，這些交友軟體很可能汲取了現代人性慾中最糟糕的一面，並將其制度化，再呈現於手機螢幕上。

有些人打從一開始就認為，〈翻轉什麼鬼？〉是只有同性戀才會遇到的問題，認為男同性戀社群太膚淺、多為身體法西斯主義者（body-fascist）[15]、太挑剔。我認識的男同性戀者總是在說這種話，他們全都對此感到難過，無論是加害者還是被害者都一樣（多數人認為自己同時兼具這兩種身分）。

但我並不相信他們的說法。你能想像 Bumble 和 Tinder 這種主要使用者是異性戀的交友軟體，製作網路影集，鼓勵異性戀面對他們在性方面的種族主義和恐肥症（fatphobia）嗎？

如果你覺得這件事不太可能發生，原因想必不是因為，你覺得異性戀者不可能是身體法西斯主義者或性種族主義者，而是因為異性戀，或是說，身體健全的順性別異性戀白人，不願意思考自己的性交方法是否出了問題。

相較之下，男同性戀者，即使是外表美麗、富有又身體健全的白人，仍很清楚和誰發生性關係以及如何發生，其實是一個政治問題。

若將我們的性偏好置於政治審查之下，當然會帶來風險。在希望女性主義能夠質疑慾望的基礎之下，同時也要避免蕩婦羞辱、假正經與自我否定的行為，不要告訴女性，她們不知道自己真正想要的是什麼，或不能在同意的範圍內，享受她們實際想要的事物。

有些女性主義者認為這是不可能的事，因為只要社會仍願意開放的批判慾望，就不可避免帶來威權的道德主義。

但這當然也有風險，若把慾望重新政治化，會鼓勵性權利的論述。談到在性方面被不公正的邊緣化或排斥的人時，我們同時也是在為「這些人擁有性權利」的概念創造條件，而拒絕與他們發生性關係的人正在侵犯這項權利。事實是，沒有人有義務和任何人發生性關係。

這也是一種不言自明的公理，同時也是羅傑及那群將他奉為烈士的非自願守貞者，一直拒絕正視的事實。在如今已解散的一個 Reddit 社群中，一篇名為「非自願守貞者應能合法強

15 基於一個人的體重和外表，而產生偏見或歧視的人。

暴女人」的文章解釋：「挨餓的男人不該因為偷食物而入獄，在性方面挨餓的男人，不該因強暴女人而入獄。」

這是個令人感到噁心的錯誤比喻，此比喻揭露了父權主義核心的暴力迷思。部分男性因為在政治方面有犯錯的可能，而被排除在性的領域之外，包括部分因此在匿名論壇上發洩的男人；但是，若他們的不高興轉變成了憤怒，並將憤怒的矛頭指向拒絕和他們性交的女人，而非形塑慾望的系統（包括他們自己的慾望與他人的慾望），那他們就等同跨越界線，進入一個道德醜陋又混亂的世界中。

美國作家芮貝卡・索尼特（Rebecca Solnit），便在一篇精鍊的文章〈男人向我解釋蘿莉塔〉（*Men Explain Lolita to Me*）中提醒我們：「唯有在對方想和你發生關係時，你才能和他們發生關係，這道理就像是，唯有對方想和你分享三明治時，你才能吃他們的三明治一樣。」

索尼特指出，吃不到別人的三明治並不是一種壓迫。但是，當我們開始深入說明這個比喻時，情況會變得越來越複雜。

假設你的孩子放學回家後，告訴你其他孩子都在彼此分享三明治，唯獨不和他分享；而且，假如你的孩子是棕色人種，抑或體型肥胖、具有身心障礙、英語說得不太好時，你便會開始懷疑，其他孩子是不是因為這樣，才不願意和他分享三明治。你會發現，雖然其他孩子可能沒有義務和你的孩子分享三明治，但你顯然不能就這樣一語帶過。

性不是三明治。雖然你的孩子不一定想接受其他人出於同情而分享的三明治，就像沒有人會想要別人出於憐憫而和自己性交一樣，更不用說來自種族主義者或恐跨性別者的同情心了，但是，我們不會在老師鼓勵其他學生和你的女兒分享三明治時，覺得這是一種脅迫，也不會認為老師這麼做是在制定平等分享政策。

不過，當一個國家對國民的性偏好和性行為進行類似的干預，如鼓勵我們平等的「分享」性，卻很有可能被視為極為專制的國家。

烏托邦社會主義者夏爾．傅立葉（Charles Fourier）曾提出保障最低限度之性的概念，就像保障基本收入一樣，這個概念適用於所有年齡與身心狀況的人。他認為，唯有性不再被剝奪之後，戀愛關係才能獲得真正的自由，而且，提供這種社會服務的將會是一群風流貴族，他們知道該如何使愛情服從榮譽的規範。

想當然耳，這種干預行為的表現方式也很重要，例如，身心障礙社運人士一直在呼籲，學校應該實施更具包容性的性教育，其中有許多社運人士，很希望能看到國家立法確保廣告和媒體具有多樣性。

但是，若我們認為這樣的措施，就足以改變性慾，也能消除對於性慾的歧視的話，就太過天真了。雖然我們可以用十分合理的方式，要求一群孩子寬容的分享三明治，但你不能用這種方式對待性，因為在這種狀況下能奏效的方法，不見得適用於另一種狀況。

性不是三明治，也不能類比為其他東西。**沒有什麼能像性一樣，受到這麼嚴重的政治撕裂，同時又是如此不可侵犯的個人隱私**。無論如何，我們都必須找到一個把性當作性來對待的方法，不再依賴比喻。

你可以對別人有感覺，但不能要求「被渴望」

在當代女性主義中，人們在討論這些問題時，常會提及跨性別女性。跨性別女性經常遇到的狀況是，同性戀順性別女性會一邊排斥她們，一邊聲稱自己把她們視為女性。

跨性別色情片女演員暨社運人士德魯．德沃（Drew Deveau），把這種現象命名為棉花天花板（cotton ceiling）。這裡的棉花指的是棉質內褲，許多跨性別女性都能理解這個詞彙的不幸涵義，簡單來說，就是（順性別者）無法將跨性別者視為潛在性伴侶的社會障礙。

許多人聽過的玻璃天花板，指的是女性在工作上獲得晉升的權利受到妨礙，而棉花天花板也可以理解為，某些人無法獲得「沒有人有義務給予」的東西。

然而，在面對跨性別女性、身心障礙女性或亞洲男性時，若我們只用「其他人沒有義務和你發生性關係」這句話略過的話，等於忽略了至關重要的事實。

雖然性權利不存在，而且每個人都有權利想要他們渴望的東西，但個人偏好——不要蠢貨、陰柔男、胖子、黑人、阿拉伯人、稻米、香料、masc for masc[16]——往往不只是個人偏好而已。

女性主義者暨跨性別理論家朱華敏（Andrea Long Chu）在二〇一八年，於文學雜誌《n+1》撰寫的一篇文章中指出，跨性別者的感受，與我們普遍的認知相反，她說：「跨性別傳達的不是身分的真相，而是慾望的力量。重點不在於你是誰，而是你想要什麼。」

她繼續說道：

> 我會轉換性別，是為了八卦、讚美、口紅和睫毛膏，也是為了在看電影時哭泣、成為某人的女朋友、讓她幫我付錢或提包包、接受銀行行員和有線電視安裝員的親善型沙文主義（benevolent chauvinism）[17]、和住得遠的女性朋友用電話維繫感情、在廁所補妝時，像基督一樣兩側有罪人陪伴、使用情趣用品、想覺得自己火辣、被T搭訕、知道我們應該特別小心哪個歹客，並穿上超短熱褲、比基尼和洋裝，還有，我的天，為了胸部。

16 交友軟體常見用語，男同性戀者用此描述自己，以表明自己屬男性化，且正在尋找其他男性化的人。

17 表面上傾向於幫助女性，但事實上仍由男性主導社會，例如把某人的價值建立在其外表而非其他特質上、假設一名女性是護士或祕書，而非醫生或經理，或是因為某人的性別，而自行決定對方不應該開車或理財等。

但現在，你開始看到慾望帶來的問題了：我們鮮少想要我們應該得到的事物。

朱華敏很清楚，這樣的聲明很可能是在鼓勵反跨性別女性主義者提出的論點——認為跨性別女性將女性身分與傳統陰柔氣質混為一談，因而加強了父權主義的控制。許多跨性別女性在聽到這項指控後，堅稱她們轉換性別是為了身分而非慾望，她們原本就是女人，而不是因為她們想要成為女人。

在承認跨性別女性只是單純的女人後，聽到人們抱怨她們強化性別刻板印象，就讓人感到反感，畢竟抱怨順性別女性「過度女性化」的人，顯然少得多。

朱華敏的回應正好相反，她堅持人們成為跨性別女性的原因，是渴望擁有她們原本缺乏的事物。不僅僅是女人這個形而上分類中的抽象身分，更是在文化建構層面受到壓迫的特定女性氣質，包含超短熱褲、比基尼和親善型沙文主義。

她說，跨性別女性之所以有權讓其他人尊重她們的身分，並提供物質支持，都建立在「迫使人們為了符合政治原則而改變慾望，不會帶來任何好處」的前提之上。

她表示，這就是政治性女同性戀主義失敗之後，帶來的真正教訓；換句話說，真正的解放式女性主義需要的，是完全剷除基進女性主義者對慾望進行政治批判的野心。

如果所有慾望都必須與政治批評隔離，那麼，排斥和邊緣化跨性別女性的慾望[18]也必須如此，不僅是對某些身體的慾望，還有不與「錯誤」類型的女性分享女性身分本身的慾望。

朱華敏認為，我們可以用二分法把跨性別的原因分成身分和慾望兩種，但這種二分法顯然是錯誤的。無論在任何情況下，跨性別者的權利，都不應該建立在二分法之上，就像同性戀者的權利不應該建立在「同性戀是與生俱來，而不是選擇的」之論述上一樣，因為重點不是同性戀者是誰，而是他們想要什麼。

但是，若女性主義完全摒棄對慾望的政治批判，最需要女性主義幫助的女性因排擠與錯誤認知而受苦時，這種女性主義幾乎無法為她們發聲。

現在的問題在於，我們要如何在這種充滿矛盾的環境生活下去。在這樣的環境中，我們清楚了解**人們沒有義務去渴望任何人，也沒有被渴望的權利**，此外，誰被渴望及不被渴望，是政治問題，而回答這個問題的，往往都是更普遍的支配與排擠模式。

雖然男性在談論性邊緣化時，總是抱著一股自己擁有女性身體的態度；相對的，那些抗議性邊緣化的女性，談論的通常都是賦權（empowerment），也就是說，她們不想要擁有其他身體，而是想要獲得被尊重的權利。

---

18 由於此非性慾相關的「慾」望，應使用「欲」望，但英文皆為desire，為方便讀者閱讀，以慾望表示。

不過，黑人女性、肥胖女性和身心障礙女性的基進自愛運動，確實會要求我們不要把性偏好看成一種固定不變的傾向。

「黑色很美麗」和「棉花糖女孩也美麗」不僅是賦權的口號，也在建議我們重新評估自己的價值觀。作家琳蒂．魏斯特（Lindy West）討論關於肥胖女性照片的研究時，她捫心自問，若把這些身體看成客觀定義上的美麗身體，會有什麼感覺。

她說，這不是理論問題，而是感知問題。這是從另一個角度看待自己和他人的身體的方式之一，這麼做能吸引並誘哄眾人，把厭惡的心態轉變為欣賞。基進自愛運動提出的問題，不是人們是否擁有性權利（答案是沒有），而是人們是否有義務，盡我們所能的改變慾望。

若想認真思考這個問題，我們就必須承認，性的固定偏好本身就是政治性的而非形而上的。為了維持良好的政治態度，我們往往會將他人的偏好視為神聖且不可侵犯的，當然，我們應該用警惕的態度，談論人們真正想要的事物，或在他們眼中，理想化的自己會想要的事物。

如此一來，我們就會知道威權主義在撒謊。這個論述在性的議題上最為明顯，人們長久以來一直都在利用真實慾望與理想慾望，來掩飾女人與男同性戀遭受的強暴。但事實上，我們的性偏好可以改變，也確實在改變，有時這種改變來自我們的意志，而非自動的變化，但自動的改變也並非不可能。

更重要的是，過去數個世代的男同性戀與女同性戀已經證實，性慾並不總是符合我們的理智判斷。慾望有可能會帶來出乎預料的驚喜，把我們帶去從未想過要去的地方，或引領我們走向從未想過會渴望或愛的人。

在最好的情況下，或許我們能實現最棒的夢想，讓慾望否決政治為我們做出的選擇，讓我們為自己選擇。

第四章

性慾是本能？你喜歡什麼，都在政治與社會的控制中

在這一章，我放入許多我的隨筆，包含更多關於羅傑的討論，也丟入其他類似案件，還有我對某些讀者與評論家的回覆，同時討論關於渴望這件事情，我們到底擁有多少掌控：

1. 羅傑的宣言出現在網路上之後，我開始撰寫第三章，並在二〇一四年夏天發表。羅傑的文章混雜了自戀式的憤怒、種族主義化的自我厭惡，以及他因厭女傾向與階級意識，而覺得自己應有的權利。這個異常的組合，使我與其他人都在閱讀後感到震驚。

一開始，我的想法很簡單，我想為這篇宣言寫一篇深度解讀，記錄這種互相交叉疊加的政治病理學。但隨著評論湧入，使我最感興趣的，變成其他女性主義者閱讀這份宣言的方式，以及他們如何用更簡約的解釋羅傑的現象。

2. 最常見的女性主義者觀點是，羅傑案是厭女權利的一種體現，確切來說，這個案件體現的是厭女權利受到阻撓時，必然會爆發的暴力。

這個觀點很正確、也很值得提出，因為其實有許多主流評論家，拒絕把羅傑視為厭女者；他們覺得，如果羅傑渴望被女人所愛，他怎麼會恨女人？如果他最後殺死的男人比女人多，他的殺戮怎麼會是一種厭女暴力？羅傑對查德（Chad）與史黛西（Stacy）[1]的憎恨程度不是一樣嗎？

儘管如此，在這些評論中，最讓我印象深刻的是，人們顯然沒興趣探討羅傑提出的其中一個看法：他說他是因為種族、個性內向和缺乏男性陽剛氣質，才會在性和戀愛關係上受到邊緣化。

這種自我診斷無疑是錯誤的，至少，我們可以從羅傑的謀殺傾向和憤怒情緒得知，他過度判斷了自己被社會邊緣化的程度。他的自我診斷，同時也非常自私。在他感嘆自己有多孤獨的同時，依然非常愉快的制定了女性性感等級，其中他迷戀的是火辣的金髮蕩婦；然後，他又根據嚴格的種族等級制度，認定自己比黑人更值得獲得性。

羅傑表示，他之所以不被渴望，是種族主義與男性陽剛氣質的錯，而他的分析，從原則上來說也不能算是錯誤。種族主義和異性戀本位（heteronormativity）[2]確實已經延伸到浪漫和性的領域中。事實上，正因為在親密關係的領域能受到「個人偏好」的保護，種族主義與異性戀本位在此的影響，才會比其他領域還要更深。女性主義者難道對此無話可說嗎？

---

1 非自願守貞者常用用語，查德指英俊、高大又受歡迎的男性，史黛西則是女性化、吸引人，且只有查德能與其交往的女性。

2 以異性戀為中心的觀念，將異性戀視為自然傾向，與異性結合是理所當然的義務，所有非異性戀的行為都被視為異常或負面。

3. 女性主義者可能會提出的一個意見是，光是思考這個問題，就必須冒上「以強暴犯的邏輯思考」的風險。在我初次發表本書第三章的文章後，一位女性主義者在推特上寫道：「我們能不能別再討論性權利是否存在了？性權利當然不存在，真正存在的是不被強暴的權利。我們的焦慮已經夠多了。就這樣。」

接著，她又補充一段：「無論在任何領域，一個人能從生活中得到多少想要的事物，通常很大程度上取決於你無法控制的運氣、命運、特權和個人特質。觀察這種事情，可說是最索然無味的行為之一。」

4. 她的意思是，性的權利並不存在，而如果你認為事實並非如此，那你就是在用強暴犯的方式思考。但是，觀察我們的社會現實中最醜陋的事物——種族主義、階級主義、健全主義、異性戀本位，如何形塑了我們是否渴望和愛哪些人，以及哪些人是否渴望與愛我們，這樣的想法，真的是「最索然無味的行為」嗎？

5. 有色人種、勞工階級、酷兒和身心障礙者，顯然不會認為這麼做是最索然無味的。他們很清楚，在較明顯的公開壓迫與較隱蔽的私人機制之間，確實有明確的連結，後者包括了俱樂部、交友軟體、臥室與學校舞會，正是這些機制，促成了那些比較明顯的公開壓迫。

6. 我的一位朋友解釋道，由於她是黑人，所以儘管她外表漂亮又受歡迎，但在她就讀的那所以白人為主的預科學校中，其他學生在選擇約會對象時，都不會把她列入考慮範圍。

7. 部分女性主義者認為，性並不是與生俱來的，且一定與政治有關，也很容易被眾人誤解。對這些女性主義者來說，前述的觀察顯然不是「最索然無味的行為」，因為他們知道，女性主義者的任務是將性從壓迫中解放，而不是單純把性區分成自願（沒有問題的）與非自願（有問題的）。

8. 男性的性權利（認為自己有權獲得性、可以強制執行這項權利），和政治所塑造出的性慾，有非常直接的關聯。那麼，面對部分男性自認擁有的性權利，和他們對金髮蕩婦、性感東亞女孩和脆弱兒童身體的迷戀時，我們真的能夠在反抗他們的同時，又不對政治做出任何批判嗎？

9. 將性從壓迫中解放，與指出「任何人都能渴望他們想渴望的人事物」不同，前者是一個基進的要求，後者則源自自由主義，而且，就像自由主義的其他條件一樣，後者的推動力多來自個人主義對社群強制權力（coercive power）的懷疑。如果我的慾望必須受到約束的話，是由誰來約束？如果我的慾望拒絕被束縛的話，我會發生什麼事？

10. 我並不是在說這種擔憂沒有根據，想要不受約束，是合情合理的念頭。

11. 然而，在適當的理解之下，我們想要把性從壓迫中解放的基進要求，其實和約束慾望沒有太大的關聯。我在寫下「讓慾望否決政治為我們做出的選擇，讓我們為自己選擇」時，我想像的並不是一種受到公義要求約束的慾望，而是擺脫了不公義約束的慾望。

我想問的是，雖然社會與政府告訴我們，在審視某些身體時（也包括自己與他人的身體），不應該感到喜愛、欣賞和渴望，但是，若我們掙脫政治的束縛，在審視這些身體時感到吸引的話，究竟會發生什麼事？

這個政治的束縛，要求我們撫平那些自我們出生以來，就不斷對我們說話的聲音，這些聲音一直說著，世上的哪些身體和生活方式是值得的、哪些則是不值得的。在這種狀況下，受到約束的不是慾望本身，而是指導慾望的政治力量。

12. 在我發表第三章的文章後，一位男同性戀者傳訊息給我，描述他和結婚十四年的丈夫之間的狀況。他說，他丈夫是位骨架很大的肥胖男人，他深愛著他，也對兩人的性生活很滿意，但他表示：「**我一直以來都必須刻意且有意識的，讓自己覺得他是性感的**，如果這樣說得通的話，」他接著說道：「雖然我們不能改變哪些事物讓我們感到興奮，但我們可以排除阻礙我們感到性興奮的事物，同時教導自己在做愛時，對眼前的事物感受到慾望。」

13. 這是一種約束行為，還是愛的行為？

你的性向，很可能是體制下的產物

14. 芮曲在一九八〇年發表〈強制異性戀和女同性戀存在〉（*Compulsory Heterosexuality and Lesbian Existence*），在這篇文章中，她批判了前述觀點，也就是異性戀是人類生活的預設型態。關於女同志，最好的可能是，女同性戀關係是一種性偏好，而在最壞的可能是，女同性戀關係是變態的性行為。

芮曲認為，異性戀是一種政治制度，此制度會迫使異性戀女性（在此指沒有機會去探索其性傾向的女性，雖然有些強迫方式是心理內化，但也有些強迫方式是暴力執法）改變自己的親密關係、婚姻關係與情感狀態，而強迫帶來的結果，往往與她們真正想要的事物不符。

芮曲希望異性戀女性能回想，她們曾與其他女性一起經歷過的親密時刻，並反思她們為了男人而放棄這些時刻的必要性。當初她們會放棄，是因為她們認為這些時刻不成熟、不充分。她還要求異性戀女性回顧第一次為了獲得男性的關注，而背叛摯友的回憶。那是自然發生的嗎？是不可避免的嗎？又或者，那是父權主宰的社會結構對你提出的要求？這套結構最害怕女性慾望消失，因為這很可能進而導致男性無法輕鬆獲得女性的身體、勞力、思想和心靈。

15. 如果你看到另一名女人的身體、臉、魅力、自信與才華時，所感受到的嫉妒，其實根本不是嫉妒，而是慾望的話，會怎麼樣？

16. 正如我在文章中所寫到，當我們對自己提出這樣的問題時，我們就在理解性偏好並不是一種固定不變的傾向。但也許，更好的說法是，在我們提出這樣的問題時，我們需要先質疑「偏好」的地位。

17. 芮曲寫道：「如果你認為自己是自由且『天生』的異性戀，那麼，只要你能理解異性戀傾向對女人來說，很可能不是一種偏好，而是一種強迫施加、管理、組織、宣傳和維持的事物，這就是一種很大的進步。

「然而，若我們不認為異性戀傾向是一種體制的話，就像是在否認……控制資本主義與種族主義內的種姓制度之力量，也包含了身體暴力與虛假認知。若要質疑女性的異性戀傾向，究竟是偏好還是選擇，並應付隨之而來的認知與情緒問題，我們需要異性戀女性主義者特有的勇氣。」

18. 有些人主張，偏好是天性且自主的，這樣的主張具有政治用途。我們可以思考，「天生如此」（born this way）的概念，對同性戀權利運動來說有多重要，以及「被困在錯誤的身體裡」（trapped in the wrong body）這句話，對跨性別權利運動來說又有多不可或缺。

這兩種思考方式，都違反了女性主義的建構主義（constructivism）[3]傾向與反本質主義（anti-essentialism）[4]傾向，也違反了許多同性戀者和跨性別者的經驗。

不過，在如今的社會中，我們往往不會責怪與生俱來的特質，反而會斥責後天的選擇，因此，這兩種思考方式在政治上至關重要。政治主張通常都是用來辯證的，理解政治主張最好的方式，是將其視為對規範領域的回應，並認為每個政治主張代表的，都是它們被提出的時

3 強調認知和對事物的描述都和觀察者有關，原則上無法將客體從觀察者中獨立出來後，再對客體進行和觀察者無關的純客觀描述。

4 不認為事物均有其本質。

代，而不是期望的未來。

19. 但是，把偏好當成與生俱來的意識形態，也有其局限性。在二〇一二年，當時為女演員，如今是美國政治人物的辛西亞・尼克森（Cynthia Nixon）指出，對她來說，同性戀是一種選擇，她因為這樣的發言，和一位同性戀社運人士發生衝突。

「我曾當過異性戀，也當過同性戀，」她說，「當同性戀比較好。」她的這段選擇宣言，或許正中了反同性戀十字軍的下懷。但是，她「選擇」成為同性戀的決定（她認為同性戀主義比較有用、比較適合她，因此拋開了男性和異性戀傾向），是否反倒讓她成為非同性戀者？

美國阿拉巴馬大學（The University of Alabama）哲學系副教授威廉・威克森（William Wilkerson）在《模糊與性》（*Ambiguity and Sexuality*）一書中寫道：「我們總是認為，情緒是一種在浮現之前就已經存在的事物，但我們往往在回憶情緒的過程中忘記，記憶會根據情緒最後的模樣，去重建過去的情緒。」

有很多女性根本無法選擇男性，如果這些女人被迫過上異性戀傾向的生活，她們肯定非常受挫。但是，又有哪個異性戀女性沒有這種挫敗感？義大利兼美國學者西爾維婭・費德里奇（Silvia Federici）指出，有些同性戀女性必須付出被孤立和排斥的代價，她同時以異性戀女性的身分問道：「但我們真的承擔得起，與男人建立關係必須支付的代價嗎？」

20. 若要認真對待芮曲和費德里奇的論述，我們就必須重新思考女性主義者在區分政治性女同性戀主義和真正的女同性戀主義時，所使用的陳腐區分法。

一位女同性戀哲學家最近寫信給我，說她承認政治女同性戀主義這種現象存在，但她會把這種現象，與基於慾望而出現的女同性戀主義區分開來。

在一九七〇年代和一九八〇年代，確實有許多女性主義者出於自我意識的政治因素，選擇了女同性戀的生活方式。但是，又有多少女同性戀關係，在所有重要的層面上都完全不具有政治性？有多少女同性戀關係，沒有在更深入的層面，並在異性戀傾向、男性統治的腳本之外，為身為女人能一起擁有與做到的事物而感到驕傲？當然，這不代表女性之間的關係，可以完全存在於該腳本之外。

厭女者總是喜歡說，女同性戀者放棄了男人，但就算她們真的放棄了男人，那又怎麼樣？

21. 如果這個論述是正確的，那政治性女同性戀主義，是在何種層面上變成朱華敏所說的失敗計畫？

22. 朱華敏在某次採訪中，對本書第三章的文章做出詳盡的回應。她承認我擔心的現象確實存在：「『不要胖子、不要陰柔男、不要亞洲人』的渴望，顯然有其歷史政治性，我們可以引述政治進程（political process）[5]來描述這種渴望：帝國主義、白人至上主義，還有女性的性，在世界歷史上的失敗。」

但是，她堅決反對我們可以或應該對此做出回應的論點。她表示：「我無法忍受身體的積極性，」暗指我對魏斯特的討論，「我受不了這種事。這對我來說簡直就像一道詛咒。這種行為就是道德說教，想要用非道德說教的方式叫人們改變慾望，真是該死的困難。」

23. 叫人們改變慾望，難道等同於捫心自問我們想要什麼、為什麼我們會想要它、為什麼會有想要的慾望？難道慾望改變的過程，一定是有紀律、有計畫的嗎（根據政治傾向，故意改變慾望）？還是說，慾望的轉變，也可能是解放的（使慾望擺脫政治）？

怎麼得知自己真正的慾望？

24. 美國女性主義作家羅德在一九七八年寫道：「從小到大，社會都在教導我們害怕自己內心那個不斷說『好』的聲音，害怕內心最深切的渴望。但是，只要我們這個聲音與渴望表示認可，那些不能強化未來的事物，就會失去力量、就能夠被改變。

「我們對慾望的恐懼，會使慾望變得可疑且過於強大，這是因為，只要我們壓制任何真理，就會賦予它超越限度的力量。我們害怕自己無法超越心中可能會出現的扭曲事物，這種害怕使我們變得溫順、忠誠、順從、任由外界定義。」

25. 道德論述與道德說教之間的界線在哪？當我們說某人在道德說教時，代表認為他們已經超越道德的適當界線，正在用錯誤的方式，將他們的個人選擇與看待他人的方式，強加在別人身上。倫理永遠都不該出現在臥室裡嗎？那倫理應該出現在俱樂部、交友軟體、學校舞會中嗎？

正如哲學與性別研究教授桑德拉·巴特基（Sandra Bartky），在《陰柔特質與支配》（*Femininity and Domination*）一書中所述，若我們認為政治不屬於這些地方，那就是在本質上，對性的基進批評做出自由主義的回應，而這種回應與批評毫無關聯。

26. 朱華敏指出，她與我的主要分歧點如下：「我擔心的是，與壓迫者慾望有關的道德主義，可能會成為空殼公司，掩蓋有關被壓迫者慾望的道德主義。」就我的理解，她想表達的

5 公共政策的制定和管理過程，通常透過社會團體和政治機構，或政治領導層和公眾輿論間的互動來實現。

是，對慾望的政治批評，很容易被用來對付已經被邊緣化的人，例如男同性戀者拒絕與非白人男性上床、黑人男性只想與淺膚色黑人女性約會、跨性別女性（以朱華敏為例）想要擁有父權主義式的陰柔氣質。

但這種論述的前提是，假設壓迫者和被壓迫者之間存有一種錯誤的二分法，好像只要某一方受到壓迫，就會使這群人失去壓迫其他人的可能性。黑人女性是否沒有權利，要求黑人男性為他們的性種族主義負責，並期待為此負責的黑人男性比白人男性還要多？社會應該指責這些黑人女性，是在道德說教嗎？

27. 談論慾望的轉變時，我是否因為太過聚焦於個人責任上，而在不同層面上變成道德說教？種族主義、階級主義、健全主義、異性戀本位……這些都是結構性問題，它們需要結構性的解決方案。

同樣的，對個人行為的關注，是資產階級道德主義的特徵，這種道德的意識形態功能使我們分心，不去注意到我們身處在更大型的不公義系統中。用朱華敏的話來說，個人主義的道德準則，有可能是系統性不公義的空殼公司。

但是，光是指出這是結構性問題，並不能免除我們的思考責任。我們仍然必須思考，作為個人，自己是如何被牽連在這些問題之中，或是該如何應對。

28. 這是早期女性主義者很清楚的論述之一，基進女性主義者不重新思考他們的工作、育兒、爭論、決策、生活和談感情的方式，是因為他們是資產階級的道德主義者。

他們不會對自己想要的事物具有的結構性質感到困惑，也不會因這個社會對女性的要求而產生疑惑。在討論我們需要多少「個人性」，才能促成更廣闊的「政治性」問題時，他們經常在多項話題上出現分歧，例如女性主義是否需要終結陰柔氣質、看見家庭關係解體，並包含分離主義、女同性戀主義、公共財產或集體育兒制度。

的確，如果把預兆性政治（prefigurative politics）[6] 延伸過頭的話，不僅會使認同者變得更加疏遠，還會使認同者開始相信，象徵性政治本身就是目的。在最壞的狀況下，預兆式政治甚至會允許實踐者用個體的轉變，來代替集體的政治轉變。

換句話說，它將會變成一種自由主義政治，但是，對於徹底拒絕預兆性政治的其他政治來說，也是同樣的道理。當我們說想要改變政治，**同時又希望自己保持不變時，究竟代表著什麼意思？**

6 認為個人應該要表現得像是已經生活在希望到來的世界中。

29. 那麼，真正的問題來了：我們要如何在參與對性的政治批判時，不陷入性權利的厭女邏輯中，並落入只會約束、不會解放的道德威權主義中？如何在滿足慾望的同時，不去害怕羅德提到的「內心可能會出現的扭曲事物」？我們要如何在滿足慾望的同時，避免焦點轉向自己、用個人作為取代政治作為？

我認為，這個問題有一個很實際的答案。正如哲學家們常說，重點不在於了解這件事本身，而在知道怎麼做到。我們必須靠著生活試驗，來得知能怎麼做到，光靠理論研究，不可能成功。

和不同膚色的身體性交，會帶來不同獎賞

30. 我在第三章談到了火辣金髮蕩婦和東亞女性擁有的最高級可幹性，以及黑人女性和亞洲男性擁有的相對不可幹性。一位黑人女性讀者在推特上，為此指責我：「你把黑人女性的不可幹性寫得像一個政治事實，我想知道你是基於什麼理由，才覺得這種說法站得住腳？我覺得你把可幹性和社會在男人幹了金髮女性與黑人女性之後，所提供的不同獎賞混為一談。」

31. 在談論可幹性和不可幹性時，我談論的並不是先於政治的先天可慾望性（desirability），

我在講的，是由性政治所建構出的可慾望性，這種性政治強制實行種族化的等級制度，將白人女性置於棕色人種與黑人女性之上，膚色較淺的棕色人種與黑人女性，又置於膚色較深的棕色人種與黑人女性之上，以此類推。

可幹性，就像麥金儂說的可強暴性一樣，源自社會在男人與金髮女性或黑人女性性交之後，會提供的獎賞不同。如果概括式的可幹性，指的是先於政治社會存在的可慾望性的話，這種可幹性就不存在。

同理，概括式的可強暴性一樣不存在。有一些特定女性的身體是可以強暴的，還有一些特定女性的身體是可以性交的，這是因為主流文化常規賦予她們這樣的地位。從這一層意義上來說，具有可幹性的身體就像可強暴的身體一樣，都是不可簡化的結構。

32. 即便如此，這樣描述可幹性的概念，還是有些過度簡化，我認為這就是前述那則推特說對的地方。棕色人種女性與黑人女性的身體，尤其當這些女性屬於貧困、被監禁或屬於非法移民的女性群體時，都具有最高級的可幹性，比白人女性更高，這是我們應該認真關注的論述。

這種可幹性的差異會存在，是因為男性在暴力對待這些身體後，無須接受懲罰與後果。有些男性認為，黑人女性的身體性慾過度，是在邀請與要求男性的性關注，同時也認為，在接觸過黑人女性的身體後獲得的社會地位，低於接觸白人女性「純潔又無辜的身體」後，所獲得的社會地位。

另一方面，從社會的角度來說，對黑人女性身體的侵犯，很少會被視為徹底的侵犯。曾是警察的連續強暴犯丹尼爾·霍茲克洛（Daniel Holtzclaw）正是因為知道這一點，所以才選擇窮困的黑人女性作為受害者。事實上，所有女性的身體，在某種層面上都具有最高級的可幹性。

33. 可幹性並不是一個應該要公平分配給所有人的好東西，可幹性一點也不好。社會學家暨遊戲評論家凱薩琳·克羅斯（Katherine Cross）寫道：「對部分白人男性來說，在可慾望性的階級制度中，亞洲女性位於最高的階級。但是，那些女人又能因此獲得什麼益處？令人窒息的溫順刻板印象、歧視、虐待，這就是你出現在別人的階級制度中，能拿到的酬勞。」

34. 本書第三章預先發表後，許多讀者寄電子郵件給我，其中有一封特別引人注目，寄件人是住在雪梨的一名男性。雪梨這個多元文化城市，一直都因為種族主義而臭名遠揚。這名寄件者是斯里蘭卡人，他被兩名白人家長收養，他說：「我可以向你保證，我不是那種病態人格者，我和你在文章中提到的那名跨種族孩子不一樣，就算其他人基於種族而拒絕我，我也不會跑去屠殺那些可憐人。我足夠理智，能接受我的命運，也會盡我所能的在這短暫的一生中，為世界做出貢獻。」

他說，對於他這樣的非白人男性而言，約會的困難程度高到令人心碎，包括亞洲女性在內的多數女性，在撰寫交友軟體的資料時，都會列出這類的偏好：高加索人、限白人、不要印度人。他曾在YouTube的影片〈為什麼菲律賓人喜歡白人？〉（*Why Filipinas like White Guys*）下做出批判回應，後來一名白人女性回覆：「認命吧，真相總是傷人。」

他和其他亞洲朋友一樣感到孤單，所以他培養了各種興趣，藉此「打破不可慾望性的光譜」。他說，確實有許多白人與其他種族的女孩相愛，但他同時也想問，會不會有其中一些伴侶，是在重現殖民的征服和拯救。

「就算是又怎麼樣？」他繼續說道，「這是他們的權利，他們雙方都同意這種關係，我們這些非白人只能認命。此外，如果我們夠好，她們當然願意和我們在一起。愛不會受到審查的影響，即使是政治性的愛也一樣。

「我當然不覺得自己有性的權利或愛的權利，但這不代表我不會因此感到痛苦，我想我應該有權利感到痛苦。無論是白人還是其他種族的女性，我都很少遇到有女性願意承認非白人男性面臨的問題。她們只覺得我們很落後。所謂的教養，是只有高加索人能擁有的特質。」

35. 二〇一八年，美國全國公共廣播電臺（NPR）的Podcast節目Invisibilia的聯合主持人邵友薇（Yowei Shaw），邀請人們在節目上分享關於白人男性與亞洲女性成為伴侶、組成家庭的故事。

邵友薇說，她很想探索亞洲女性內化白人至上主義的概念，並討論這些問題：一般文化如何影響慾望等親密又看似自然形成的事物？權力如何形塑我們的情感關係？你是否可能重新編寫自己的性慾？要怎麼做？更甚者，我們應該要求人們這麼做嗎？

她指出，這個話題極為敏感，必須小心謹慎的處理，而且不出所料，她立刻遭到亞裔美國女性的強烈反對。記者海瑟・陳（Heather Chin）在推特上寫道：「天啊，這些故事簡直就像是從Reddit、4chan[7]和其他AAPI（Asian Americans and Pacific Islanders，亞裔美國人與太平洋島嶼居民）的非自願守貞者討論版上找來的。」

她指的是MRASians（Men's Rights Asians，亞裔男權者）的崛起。這些亞洲男性，打著反種族主義的旗幟（從憤怒白人男性的劇本中借鏡），用厭女的刻薄言論，批評和白人男性約會或結婚的亞洲女性。

亞洲男性找不到對象，都是因為亞洲女「哈洋屌」

36. 二〇一八年，父母為香港移民的美國小說家伍綺詩（Celeste Ng）為雜誌《The Cut》寫了一篇文章，題為〈當亞洲女性因嫁給非亞洲男性而受到騷擾〉（*When Asian Women Are*

Harassed for Marrying Non-Asian Men）。

這篇文章的開頭談論伍綺詩收到的一封電子郵件，主旨為「我是你的超級粉絲」，但內文卻寫著：「我想看著你的兒子，因為你心中的自我厭惡而罹患精神疾病。你的兒子長得像亞洲人，他會在長大的過程中發現，他媽媽覺得他很醜，而他爸爸無法理解他的感受。」

伍綺詩在推特上分享這封電子郵件後，許多因為「WMAF」（white male and Asian female，白人男性與亞洲女性）的情感關係，而成為攻擊目標的女性也站了出來。

作家克莉絲．譚（Christine Tan）曾收到一封電子郵件，寄件者保證他會「殺死一大堆白人爛貨和他們身邊的亞洲賤妓女……抓起他們生的小孩，把他們的頭砸爛在水泥地上」。伍綺詩遇到的一些亞洲女性則表示，曾有人對她們說，她們生下的混血小孩將會成為下一個羅傑。

37. 很多反WMAF的網路霸凌，都來自於Reddit的亞裔美國人子板（r/aznidentity）。這個子板裡有數萬名成員，是一個泛亞洲社群，反對任何形式的反亞洲主義（anti-Asianism）。

該子板的板主，在二〇一六年的一篇貼文中指出，使用者要搞清楚批評有問題的亞洲女

7 美國貼圖討論版網站，與英文網際網路的次文化和運動相關，使用者大多匿名發文。

人（自我厭惡又崇拜白人的亞洲女人），和厲聲謾罵所有亞洲女人之間的差別。

文章寫道：「如果你想批評亞洲女人的話，你可以勸阻她們的不當行為，也可以更全面的認識社會動態、了解你可以對她們採取哪些措施，這些行為完全沒問題……但是有幾個人做得太過火了。」

但是，那篇貼文也指出：「這個社群不會費盡心思去安撫亞洲女性，我們也不會為了保護她們或任何人的感受，進行自我審查……我們可以批評亞洲女性、指出她們做了哪些蠢事。她們屈服於白人的洗腦……我們的願景，是為亞洲人創造更美好的生活。」

38. 這段論述有很多令人吃驚的地方，尤其是當他們坦承，這個「泛亞洲」論壇實際上是專門給亞洲男性使用的論壇一事。他們同樣認為亞洲女性——也就是他們眼中的白人至上主義實踐者——從各方面來說，都在亞洲階級中占優勢，亞洲男性則是她們的受害者。或許，在白人的想像中，亞洲男性並不是「完整的男人」。但這樣的想像並不會阻止亞洲男性和其他種族的男性一樣，控制、剝削、阻礙、毆打和強暴亞洲女性。

39. 整體來說，黑人女性往往會嚴厲批判黑人男性的性種族主義，因為他們偏愛白人或淺膚色的黑人女性。在黑人社群中，相對次等的群體（黑人女性）會要求優勢的群體（黑人男性）承擔責任；這和亞洲人的普遍模式相反，在亞洲社群中，相對優勢的群體（亞洲男性）則要求相對次等的群體（亞洲女性）承擔責任。

在黑人社群中，對抗性種族主義的戰鬥，幾乎不曾成為性權利的掩護。黑人女性很清楚要如何在談論政治上的慾望形成時，不強制要求他人渴望自己。對異性戀男性來說（包括亞洲異性戀男性），厭女與擁有執行虛構「權利」的誘惑，一直具有很大的吸引力。

40. 韓裔美國人衛斯理．楊（Wesley Yang），在《n+1》的一篇著名文章中，描述自己看著維吉尼亞理工學院（Virginia Tech）槍擊案的二十三歲凶手趙承熙的照片時有何感受。

他說：「你看到的那張臉很像你，你和那張臉對於如何在這個社會中生存，有相同的理解。你們兩人都知道，臉上有一套文化符碼（cultural code）[8]是什麼感覺，如果這套符碼使你感到羞恥、無能和懦弱的話，那每當有人對這套符碼做出反應，你都會用混雜了好奇與警惕的心態進行抵抗。

「一張毫不起眼的韓國臉——小小的眼睛、褐色的膚色、小而豐滿的嘴唇、距離眼皮遙

8 社會的文化深層結構，使生活於該文化中的個人具有特定的思考傾向，語言形式、價值導向及行動方式。

遠的眉毛、鼻子上架著一副歪斜的眼鏡。確切來說，這並不是一張醜陋的臉，這並不是一張生來就難看的臉。只不過，這個國家的女性不會對這張臉產生慾望。」

二〇〇七年四月十六日，趙承熙用兩把半自動手槍造射殺三十二人，有十七人受傷，然後對著自己的頭開槍自盡。

41. 十年後，在《君子雜誌》（*Esquire*）中，有一篇文章介紹加拿大心理學家暨男權運動界的英雄喬丹・彼得森（**Jordan Peterson**）。

楊在簡介中為彼得森辯護，對反對他的批評者說道：「這些年輕人深愛彼得森的原因，正是那些聰明人鄙視彼得森的原因。他提供給他們的……是文化想否認的事物。在這個官僚化的後女性主義世界中，充滿了雌雄同體的和平理念，有越來越多人認為，這些年輕人與生俱來的本性——冒險、犯難、體能挑戰、激烈競爭——是一種無法適應這個世界的特質，而彼得森帶來的是一種使命感。」

但我反倒想問問楊，難道不是這種，天生就想要冒險、犯難、競爭和支配的陽剛氣質意識形態，使這位骨瘦如柴、沒朋友、長滿青春痘的東亞男孩難以理解並融入，才造就了現今的趙承熙嗎？

42.《超級名模生死鬥》（*America's Next Top Model*）第六季中，一位韓裔美國選手說現在的亞洲模特兒太少了，她想打破這道藩籬。沒多久後，她又宣布自己不喜歡亞洲男人。非裔美籍模特爾泰拉．班克斯（Tyra Banks）立刻指出了這兩個觀點的矛盾之處：「你一開始說：『我是亞洲人，我很強大，我來自韓國。』然後你又說：『誰要理韓裔男孩啊，我想要的是白人男孩。』」

在澳大利亞相親節目《Take Me Out》中，兩名亞洲女性解釋她們拒絕亞洲單身漢的原因：「我實行『不約亞洲人』原則，因為亞洲人看起來都有點像我哥。」另一人附和道：「抱歉，我也支持不約亞洲人原則，我不想在出去約會時，被誤認成兄妹或姊弟。」

二〇一八年五月，一位和白人男性結婚的亞洲女性，在Instagram上傳了一張她和小嬰兒的照片，並在貼文寫道：「我一直夢想能生一個金髮碧眼的嬰兒，其他人總會說：『別做夢了，你是個徹頭徹尾的中國人！』你們現在可以閉嘴了，我生了一個白人嬰兒，而且他的眼睛是藍色的。」

在邵友薇的Podcast節目Invisibilia中，一位年輕的亞裔美國男人說，他在十二歲時無意間聽到姊姊告訴母親，她永遠也不會和亞洲男人約會，因為他們沒有吸引力，他說這簡直就像一齣非常粗俗的浪漫喜劇。

二〇一五年，伍綺詩在推特上寫道：「老實說，我通常都不覺得亞洲男性有吸引力（他們會讓我想起我的表兄弟）。」她後來道歉並解釋道，這條推文的目的是自我揭露，而不是表達自我仇恨。有鑑於伍綺詩認識的亞洲男人，只有她的表親，所以她從來都不覺得亞洲男性有吸引力。

43. 記者奧黛麗・林（Audrea Lim）在《紐約時報》的評論文章中，詳細描述某些與亞裔美籍女性約會和結婚的另類右翼男性，所表現出的常見奇怪現象。她討論到在媒體界十分著名的，越南裔美國人蒂拉・特奎拉（Tila Tequila）行納粹禮的照片。

特奎拉行納粹禮時，正在參加反猶太主義陰謀論者理查德・史賓塞（Richard Spencer）主持的白人至上主義會議前夕晚宴，林寫道：「這張照片喚起了我作為十四歲亞洲女孩的回憶，當時我就讀一所多數學生都是白人的學校，那時，我想要變成一個有趣、沉著又受人喜歡的女孩。

「而且，我本能的知道，若想變成那樣的女孩，我就必須遠離其他亞洲小孩，尤其是那些木訥又用功的同學。那時，我聽到一位朋友說，我不是真正的亞洲人，而是白人的時候，我就知道我成功了，因為那位朋友之所以會說我不是亞洲人，是因為我很酷。」

44. 我也有朋友曾開玩笑，說我「根本就是白人」，或許，這並不是一個玩笑。

45. 我認識許多生活在西方國家的東南亞女性，她們都不希望自己的結婚對象，是她們的母親和祖母那代，最後共度一生的那種男人。

當我們指出，亞洲男人會讓我們想起表親時，我們指的是，我們太了解這些男孩和男人是怎麼被養大的。但問題在於，亞洲女性是否有權利做出這樣的選擇？而且，為什麼我們會認為白人男孩和男人，是被用更好的方法養大的？教養，是只有高加索人具備的特質嗎？

你被什麼性別吸引，是天生且無法改變的

46. 本書第三章發表之後，收到了來自性別批判（gender-critical）[9]女同性戀女性主義者的一連串憤怒推文。他們指責我支持棉花天花板的邏輯，但我認為，我們必須拒絕性權利的邏輯，但棉花天花板的概念又歸屬在性權利之中，所以，他們的指責似乎有點諷刺。

我寫道：「棉花天花板指的是，當人們沒有義務提供某些事物時，社會上就會有些人無

9 性別批判女性主義將性視為二元且不可改變的生物學特徵，拒絕或質疑性別認同的概念，普遍認為跨性別者屬於他們出生時被分配的性別。

法獲得那種事物。」並指出，我們需要的不是關於權利的論述，而是關於賦權和尊重的論述。

47. 當我們比較基於不約黑人原則而不和黑人睡的白人，以及基於不約跨女原則而不和跨性別女性睡的順性別女同性戀，便會有部分女同性戀女性主義者開始希望，我們能盡量降低這種類比出現的機會。

他們堅持，女同性戀主義的本質，是女同性戀者天生就喜歡，一生下來就擁有女性身體和女性生殖器的人。如果事實真是如此，那我們就不能在性種族主義者和排跨女同性戀者之間做類比，因為前者做出的是政治上的選擇，具有犯錯的可能，後者則是天生、無法改變的傾向，因此無法指責。

48. 我認為，他們把性取向簡化成生殖器的舉動令人費解，而且是一出生就擁有的生殖器才算數。有人是天生就被陰莖或陰道吸引的嗎？又或者，我們是先被其他人在這個世界存在的方式吸引，其中也包括身體的存在方式，之後我們才學會把這些方式，與身體的某些特定部位連結在一起？

49. 讓我們想想那些對陰道表示厭惡的男同性戀者，以及所謂的「白金級男同性戀者」

（Platinum Star Gay）[10]。這種概念是與生俱來，因此必須受到允許的嗎？又或者，這是一種後天習得，且因此有犯錯可能的厭女傾向？

50. 在近期《跨性別倡議者》（*TransAdvocate*）的採訪中，跨性別歷史學家克莉絲坦・威廉姆斯（Cristan Williams）詢問麥金儂：「若有些人熱情的告訴你，為了讓女性獲得解放，我們必須先把女人定義為生物學上的離散群體的話，你會怎麼做？」麥金儂回應：「在男性主導的社會中，我們一直以來都把女性定義為生物學上的離散群體。如果這麼做就能解放女性，我們早就自由了。」

51. 這並不代表，我們可以隨意改變自己會受到哪些性別的身體吸引，也不表示我們應該要否認，對部分女性（包括部分跨性別女性）來說，陰莖之所以無法成為慾望的對象，是因為她們認為陰莖是男性權力和暴力的象徵。

在某種層面上來說，最關鍵的問題在於，討論為什麼有些人對擁有陰莖的女性感到性厭

10 不僅沒有和女性交往或性交過，因為是剖腹出生，連母親的陰道都沒有接觸過。

惡時，最好的解釋方法是不合理的恐跨傾向，還是對男性的合理警惕。但這正是排跨女性主義者不願意劃分的區別。

非自願守貞者的起源，是一名酷兒女性

52. 二〇一五年，戴倫．魯夫（Dylann Roof）在南卡羅萊納州查爾斯頓市的一間黑人教堂參加聖經學習後，槍殺了九人。他在屠殺期間表示：「我必須這麼做，因為你們全都在強暴我們的女人。」

53. 二〇一七年十二月七日，居住於美國中南部新墨西哥州的二十一歲男子威廉．艾奇森（William Atchison），在他過去就讀的高中槍殺了兩名學生後自殺。法醫在驗屍時發現，他的身上有納粹卍字符號、「SS」（Schutzstaffel，納粹親衛軍）、「建牆」[11]和AMOG（Alpha Male Of Group，團隊的雄性領袖）的墨水記號，而且，他在網路上使用的化名是艾略特．羅傑。

54. 二〇一八年的情人節，尼古拉斯．克魯茲（Nikolas Cruz）在佛羅里達州帕克蘭市的

道格拉斯高中（Marjory Stoneman Douglas High School）槍殺了十七名學生和教職員。

克魯茲是白人至上主義者和槍械迷，也是唐納・川普（Donald Trump）的支持者，他曾在社群媒體上，幻想要策劃學校槍擊案；同時，克魯茲憎恨女性，他曾跟蹤並騷擾一位前女友，威脅要殺死她和她的新男友。不僅如此，他還在一支 YouTube 影片下方留言，表示：「艾略特・羅傑永遠不會被眾人遺忘。」

55. 二〇一八年四月二十三日，在我發表第三章文章的一個月後，二十五歲的阿列克・米納西安（Alek Minassian）把一輛廂型車，開上多倫多一條繁忙街道的人行道上，造成十人死亡、十六人受傷。進行攻擊之前，米納西安曾在臉書上發文表示：「非自願守貞者的革命已經開始了！我們要推翻所有的查德和史黛西！至尊紳士艾略特・羅傑萬歲！」

56. 二〇一八年六月二十八日，哈羅德・拉莫斯（Jarrod Ramos）在《首都報》（*Capital Gazette*）位於馬里蘭州的新聞編輯室中射殺五人。《首都報》曾在六年前的一篇新聞中，報

11 指川普時期美墨邊境圍欄擴建一事。

導他在騷擾前高中同學的案件中認罪，他也因而提起誹謗訴訟。

該案件的細節是，他在臉書上加這名前高中同學為好友，問對方是否記得他，對方回答不記得。經過了一番訊息往返之後，他覺得對方的回應速度太慢，叫那名同學去死，並警告她最好去申請保護令。

57. 二〇一八年七月十八日，住在愛荷華州布魯克林的莫莉・提比茲（Mollie Tibbetts）在她家附近慢跑時失蹤，她是愛荷華大學（University of Iowa）的大二生。

根據監視器畫面顯示，那天有一位名叫克里斯蒂安・巴赫納・里維拉（Cristhian Bahena Rivera）的男子，開車尾隨提比茲。里維拉最後承認他殺害了提比茲，並把屍體埋在田地中的玉米殼之下，他帶著警察找到屍體。

法醫解剖屍體時，記錄的死因是多處銳器創傷。里維拉是一名墨西哥裔農場工人，十七歲移民到美國。川普在談及提比茲謀殺案時，表示：「這個人從墨西哥非法進入美國並殺了人，我們需要建立高牆，我們需要改變移民法，我們需要改變邊境法！」

58. 建立高牆能阻止羅傑、克魯茲、艾奇森、魯夫和拉莫斯殺掉那三十九個人嗎？

59. 二〇一八年八月十六日，在奧克拉荷馬州盧瑟鎮（Luther）的一場高中集會上，一名十四歲男孩拿出一把四英寸（約十公分）的折疊刀，一言不發的刺傷一名同齡女孩的手臂、上背部、手腕和頭部。這名女孩曾告訴他，她不想和他成為男女朋友，表示她對他是「朋友的那種喜歡」。

60. 二〇一八年十一月二日，四十歲的退伍軍人暨馬里蘭州安妮阿倫德爾郡公立學校系統的前教師史考特・畢耶勒（Scott Beierle），在佛羅里達州塔拉赫西的一家瑜珈工作室開槍擊中六人，共有兩名女性死亡。

畢耶勒曾在一系列的YouTube影片中，抱怨女性拒絕和他發生性關係，並表達了對羅傑的同情，又大罵跨種族情感關係有多邪惡。他曾在二〇一二年和二〇一六年，因為摸女性的屁股而被逮捕兩次，而後又因為詢問一名學生是否「覺得癢」，並觸摸對方胸罩線下方的腹部，而被學校開除。

61. 二〇二〇年二月十九日，四十三歲的托比亞斯・拉特詹（Tobias Rathjen）在德國黑森邦哈瑙市的兩家水菸酒吧，開槍擊中十四人，造成九人死亡。接著，他回到公寓，射殺自己的母親，然後舉槍自戕。

拉特詹在他的個人網站上傳一份宣言，呼籲人們消滅那些從穆斯林占多數的國家移民來的人。一位專門研究政治基進（radicalisation）的專家表示，拉特詹的宣言是陰謀論、種族主義和非自願守貞者意識形態的瘋狂混合體。

62. 二〇二〇年二月二十四日，一名警方未揭露姓名的十七歲男孩，在多倫多一家按摩院用彎刀攻擊三人，造成一名女性死亡。加拿大當局認為，嫌疑人與非自願守貞者次文化有關，並以恐怖主義起訴嫌疑人。

63. 二〇二一年三月十六日，在喬治亞州首府亞特蘭大的一間按摩院中，有八人在槍擊事件中被槍殺，其中包括六名東亞裔女性。槍擊事件發生後，嫌疑人羅伯特．艾倫．朗（Robert Aaron Long）以謀殺罪起訴，人們開始激烈辯論朗的犯案動機，是厭女傾向還是種族惡意。

朗則表示，自己有性成癮的問題，甚至曾因此在基督教福音派的機構接受「治療」，並解釋說，他希望能透過水療中心的案件，來「幫助」其他男人。有些人由此推斷朗的行為與種族無關，但我們也可以認為，那些人沒有注意到，**人們對東亞女性的性迷戀與歧視東亞的種族主義，總是緊密的交織在一起。**

64. 非自願守貞者一詞，是由一位名叫阿拉娜（Alana）的木訥酷兒女性創造的，她從來沒有約會過，只是希望用一個詞彙來描述自己的孤單，以及經歷相似的人所感受到的孤獨。一九九〇年代後期，阿拉娜在加拿大聯邦首都渥太華讀大學時，成立一個純文字網站，名為「阿拉娜的非自願守貞計劃」（Alana's Involuntary Celibate Project）。

這個網站既是論壇，也是一個社群，無論男女老幼、同性戀或異性戀都能加入。他們一開始自稱「invcel」，後來一位論壇成員建議刪除字母「v」，便成為現在廣為人知的非自願守貞者縮寫：incel。

阿拉娜說，他們會討論自己該如何面對害羞、尷尬、抑鬱和自我厭惡的情緒，當時，有些男人會在談論女人時，把女性當成物品，但完全沒有如今非自願守貞者論壇的那種暴力權利論點。

最後，阿拉娜建立了一段感情，便離開論壇，將板主的工作交給了另一位成員。直到將近二十年後，阿拉娜在雜誌《瓊斯夫人》（*Mother Jones*）上讀到一篇關於羅傑的文章時，才得知後來非自願守貞者運動的發展。現在的非自願守貞者也宣稱，世上沒有女性非自願守貞者（femcel），儘管該字的創始人即為女性。

65. 阿拉娜的經歷，讓我想起植物生理學家亞瑟・蓋爾斯敦（Arthur Galston）。他在讀研究所時發現，2,3,5-三碘苯甲酸（2,3,5-triiodobenzoic acid）可以用來加速大豆的生長。蓋爾斯敦在一九四三年發表論文〈開花生理學，以大豆的花芽發生為例〉（*The physiology of flowering, with especial reference to floral initiation in soybeans*），並在注釋中指出，過量的三碘苯甲酸會導致大豆植株的葉子脫落。

美國軍方注意到這件事後，從一九四五年開始，測試如何把2,4,5-三碘苯甲酸改造成空中落葉劑並大量生產，若第二次世界大戰持續下去的話，預期要把落葉劑用來對付日本。最後，這款落葉劑成為橙劑（Agent Orange）[12]的化學基礎，美國在越南戰爭期間，用橙劑破壞了超過四百五十萬英畝的土地。蓋斯頓發現他的研究成為軍方武器後，便推動一場激烈的社會運動，希望美國別再把橙劑當成軍事武器使用。最後，到了一九七一年，他成功說服當時的總統理查·尼克森（Richard Nixon）停用此武器。

66. 多倫多廂型車攻擊事件發生的五天後，阿拉娜設立了一個網站，名叫「要愛，不要憤怒」（Love Not Anger）。她利用這個網站蒐集並推薦各種研究，教導大家該怎麼做，才能支持並幫助因沒有愛而孤獨的人。

阿拉娜寫道，正是性別主義、厭女、特權和權利帶來的各種孤獨互相結合，才使許多男性對於自己無法和女性發生性關係感到憤怒。這個網站在二〇一九年十一月停止更新，阿拉娜表示：「放下這個網站，改善了我的心理健康。」

男性要成為領導眾人的「阿爾法」，才能吸引異性

67. 當人們在性和愛情方面受到邊緣化時，我們要怎麼判斷哪種狀況是壓迫，哪種狀況只是運氣不好，應該視為生活中的衰事？這是一個令人困擾的問題。長得不漂亮，也能歸納為被壓迫的階級嗎？長得矮或性格害羞呢？

68. 我們可能會想把渴望他人的理由，區分成好壞兩種，藉由這種區別來畫出界線，在那些人不受渴望的原因之中，這些原因屬於壓迫、那些則不屬於壓迫。但是，這算是好理由嗎？如果她的身體不是我們渴望的好理由的話，那她的心靈就是嗎？她的靈魂之美算嗎？我們能決定自己的靈魂是否美麗嗎？靈魂的美麗重要的嗎？

12 用來除去敵人藏身的叢林樹葉，噴灑範圍主要包括南越和寮國部分地區，飛機從空中噴灑橙劑後，接觸到除草劑的植物會在兩天內死亡；但是，也有很多村民暴露於這種毒藥之中，導致越戰後，兒童出現多種健康問題，新生兒中也有許多畸形嬰兒。

69. Reddit 的子板「真非自願守貞女性」（r/trufemcels）的成立目的，是為了支持那些想要建立長期關係，卻找不到對象的女孩和女人。這個子板裡，有許多三十歲上下的女性，她們從沒有接過吻、發生性關係，或交過男朋友。

子板裡反覆出現的其中一個主題，是非自願守貞男性的虛偽行為，他們聲稱自己因為太醜或不擅交際而無法找到愛情和性，但又明確表示，自己對傳統意義上沒有吸引力、擅交際的女性不感興趣。非自願守貞女性說，這樣的男人應該被稱為自願守貞者（voluntary celibate，簡稱 volcel）。

非自願守貞女性指出，這類男性真正想要的，大多都不是愛情或性帶來的親密感，而是吸引火辣白人女性能帶給他們的地位。我在一個非自願守貞者論壇上讀到，當論壇成員們在討論「為什麼非自願守貞者，對地位不高的女性不感興趣？」時，有一個回覆是：「你現在是因為大家不想上那種髒東西，所以不爽嗎？」

70. 女性慕強擇偶（female hypergamy），是非自願守貞者、男權主義者、搭訕藝術家（pickup artist，簡稱 PUA）[13] 和彼得森追隨者的詞典中，十分核心的一個術語。

他們認為，女性人口中的大多數人，只會和男性人口中的少部分人發生性關係。用彼得森的話來說，就是：「女性的交配對象在自己的支配階層以上，男性的交配對象，則在自己的支配階層以下。」

一位男性圈的部落客指出，貝塔男會因為失控的慕強擇偶而落後，他們在過度慕強擇偶的性市場中，是負債累累的中產階級。若想進入苗條、貞潔、陰柔、年輕的白人女性世界，你就必須付出代價，而這些代價，已經高漲到他們負擔不起的程度。

他接著說：「性、愛情和婚姻的不平等主義存在已久，這種狀況必定會使憤怒的年輕人開始反抗。川普會當選，是這些有正當理由憤怒的年輕人一起發動的第一次革命，如果川普失敗了，下一次發動的革命就不會那麼溫和。那些狗屎自由主義者（shitlib）[14] 和貓耳帽仔（pussyhatter）[15] 很快就會知道，真正的痛苦是什麼滋味。」

71. 把憤怒的非自願守貞者和川普支持者中的憤怒年輕人類比，這件事本身就已經說明了問題所在。對這兩種人來說，憤怒的表面原因是不平等，但事實上，他們感到憤怒的原因往

---

13 常自稱約會教練、把妹達人等，以男性為主要參與者，目標為誘惑女性並與之發生性關係，該類社群多透過網路及實體俱樂部運作。

14 結合 shit（狗屎）和 liberal（自由派）的貶低自由主義者用詞；另一個也常聽到的是自由派蠢貨（libtard），被極右翼人士用來指稱，相信個人自由及金錢、財產和權力應該公平分配的人。

15 指女性主義者，源自於二〇一七年美國女權遊行時，許多人都戴上粉紅色的貓耳針織帽。

往是白人男性的特權受到威脅。

我們現在已經很清楚，某些川普選民抗議時，底下真正的爭論是：為什麼白人不能比黑人和拉丁裔更好？同理，非自願守貞者的反抗，背後的意思是：為什麼白人男性必須將就於地位低下的女性，那些並非「苗條、貞潔、陰柔、年輕的白人女性」？這些人抗議的動機並非出於不平等或不公義，只是因為他們認為，自己失去了本來應該擁有的特權。

72. 更重要的是，對這兩種人來說，他們認同的現實都是一種虛構論述。美國白人的表現，並不比黑人或拉丁裔美國人差，但也不比他們好，不過，從數據上的絕對值來說，最糟糕的白人確實比以前更糟。

正是這樣的改變，促成了現在大家都非常熟悉的辯論：到底是什麼原因，推動低收入的白人選民支持川普？是種族仇恨還是經濟不穩定？這些問題的答案，大概會始於人們如何拒絕明確區分種族和經濟焦慮，但無論完整的答案為何，我們都應該記住，在二〇一六年與二〇二〇年，捐錢給川普的基本上都是富裕的郊區商人，許多投票給他的都是高收入選民。

此外，事實上，僅由少數男性在性方面吸引大多數女性的狀況並不存在，也沒有大量男性在性方面「挨餓」。正如克羅斯所述：「可慾望性的社會階級結構，塑造了誰在性方面具有性吸引力、誰又不具有性吸引力的形象。這種形象和誰有過性行為、誰沒有性行為，沒有確切關聯。」

73. 整體來說，至少在美國、英國、歐洲和日本，現代年輕人的性生活比上一代年輕人還要少。但調查顯示，女性沒有性生活的機率比男性更高，而男性比女性更有可能在過去一年內，有兩位以上的性伴侶。

只有〇・八％的美國男性，在二〇一六年有十位以上的性伴侶。這個社會上的查德非常稀少。在超過十八歲的異性戀美國男人中，從未發生性行為、且不是因宗教因素而保持單身的男性，占了一・三％。在這一・三％的男性中，有許多是還沒有談過戀愛的年輕人，其中有很多甚至還沒有搬出家裡。

74. 這樣的數據同樣也不該令人意外，無論非自願守貞者口頭上怎麼說，他們的憤怒都和所謂的社會女性分配不均毫無關聯。他們的憤怒來自於他們錯誤的認為，男性擁有的性地位及其權利受到阻撓。

75. 想當然耳，非自願守貞者和支持川普的憤怒白人男性之間，相似之處不僅如此。在非自願守貞者、搭訕藝術家和男權主義者的世界，以及幫助川普掌權的極右派運動之間，存在著非常直接的關聯性。

胡亂揮舞著白人陽剛氣質大旗的民怨政治（grievance politics）[16]，不但助長了男性圈的形成，也在意識形態與物質層面上成為門戶，讓大眾得以接觸到更開放的族裔民族主義（ethnonationalism）[17]民怨政治。

最有名的例子包含玩家門事件（Gamergate）[18]、紅藥丸（red pill）理論[19]、彼得森、白人至上主義團體舉行的大規模集會團結右翼（Unite the Right）、驕傲男孩（Proud Boys）[20]，以及美國和加拿大的極右翼和自由主義反政府民兵組織「三％人士」（Three Percenters）。

在二〇二一年一月六日的美國國會暴動事件中，有部分參與者遭逮捕，其中一名男性參與者，是自稱為戀愛關係策略家兼女性心理學專家的派翠克．斯塔曼（Patrick Stedman）。

還有一位 YouTuber 山謬爾．費雪（Samuel Fisher，其搭話藝術家名為布拉德．霍勒迪〔Brad Holiday〕）在影片中保證，他會幫助男人把到高價值女孩。在攻占國會大廈的兩個月前，斯塔曼曾在推特上說：「你看不慣的不是川普，而是陽剛能量。」

跟貧富差距的問題一樣，性也應該平均分配？

76. 在多倫多廂型車攻擊事件後，《紐約時報》的保守派天主教專欄作家羅斯．多賽特

（Ross Douthat）發表了一篇名為〈性工作者、性愛機械人和性的再分配〉（*The Redistribution of Sex*）的文章。

這篇文章一開頭就寫道：「有時候，極端分子、激進分子和怪人眼中的世界，遠比可敬、溫和又理智的人眼中的世界更清楚。」多賽特說，於維吉尼亞州喬治梅森大學（George Mason University）教書的經濟學家羅賓・漢森（Robin Hanson）就是這種傑出的怪人。

多倫多廂型車攻擊事件發生後不久，漢森就在他的部落格上提問，為什麼進步人士關注的只有財富的重新分配，而不去關注性的重新分配[21]。後來，他受到大眾的譴責，網路雜誌《頁岩》（*Slate*）下的標題是：〈羅賓・漢森是美國最令人毛骨悚然的經濟學家嗎？〉（*Is*

16 消極情緒的助長和匯集，以及各種基於指責的政治策略，明確挑戰並混淆了在傳統上，支撐傳統政黨政治概念的許多核心原則和價值觀。

17 以主張本族群利益的意識形態為特徵的政治、經濟、社會體系。

18 在二〇一四年到二〇一五年，因一連串事件而引發的厭女線上騷擾活動，也是右翼人士對電子遊戲文化中的女性主義、多樣性與進步主義的反彈。

19 源自電影《駭客任務》（*The Matrix*），片中角色要在揭示真實世界的紅色藥丸，和隱藏真實世界的藍色藥丸之間做出選擇；在此指反女性主義和極右翼團體所使用的紅藥丸理論，認為受社會壓迫的其實是男性而非女性，吃下紅藥丸，指的是看見這個「真相」。

20 由白人民族主義男性組成，提倡暴力的新法西斯主義（Neofascism）極右翼組織。

21 根據新聞評論網站Vox的報導表示，漢森提出一種由國家分配、組織的性市場，等同讓政府介入，為非自願守貞者提供性的機會；但漢森同時表示，這不代表大規模強暴。

Robin Hanson America's Creepiest Economist?）。

但反對財富重新分配的漢森，卻指責這些進步人士是偽君子。他提出的問題是：如果財富不平等是一種需要糾正的不公義現象，那為什麼性的不平等不是？

77. 把性重新分配的概念之所以有問題，至少有兩個原因。第一個正如我前面所述，非自願守貞者會感到憤怒，不是因為他們缺乏性，而是因為他們認為自己缺乏性的地位。第二個原因是，再分配的論述會立刻喚醒對於強制性的恐懼。

78. 許多女性主義者在回應漢森時指出，任何重新分配性的提議，實際上都是在提議人們強暴女性。漢森在回答時，提供了其他能夠達成再分配的方法，例如提供錢給沒有性行為的男人，花錢買性工作者的服務，或是鼓勵婚前守貞主義的傳統規範，以及彼得森所謂的「強制單一伴侶制」。

諷刺的是，這些提議就像強暴一樣，也是強制性的。大致上來說，女性販賣性是因為她們需要錢，而社會如果要補助沒有性的男人購買性行為，前提是社會上有部分女性必須靠販賣性維生。至於婚前守貞主義和強制單一伴侶制的傳統規範，被施加到女性身上後，會使我們和強制強暴之間的距離變得多近？

79. 包括蘿莉・潘尼（Laurie Penny）和賈桂琳・傅利曼（Jaclyn Friedman）在內的一些女性主義評論家，在回應多賽特與漢森時都指出，提出把性拿來分配的想法，就等於將女性視為商品。

這些女性主義者認為，這麼做只是強調了資本主義的性邏輯罷了，而這種邏輯帶來的其中一種後果，就是非自願守貞者現象。正如索尼特所說：「性是一種商品，男人可以透過累積這類商品來提高地位，每個男人都有權利可以累積，但女性在某種難以理解的層面上，阻礙了累積，因此她們既是敵人，同時也是商品。」

索尼特說，非自願守貞者對自己的低地位感到憤怒，但他們不會質疑負責分配地位、把人們商品化的系統，但正是這個系統以痛苦又去人性化的方式，執行了地位分配與商品化。

80. 索尼特說得沒錯，非自願守貞者渴望地位，而其中一種地位是和地位高的女性性交後能獲得的地位，另一種地位則是接觸高階女性時必須付出的代價。

與此同時，非自願守貞者又痛恨性的商品化，希望能解放性。他們痛恨性受到市場關係支配，認為高階女性和他們發生性關係時，既不是免費的也沒有愛。這是非自願守貞者現象的核心矛盾之處，他們在性的市場中，把自己視為失敗者、反對這樣的市場，同時卻又固執的遵守這個市場最基礎的地位階級結構。

81. 從這個層面看來，非自願守貞者代表了兩種病理學的碰撞。第一種病理學有時被稱作新自由主義，是一種同化作用，會把人們在生命中的各個領域逐漸同化成符合市場邏輯的樣子。第二個病理學是父權主義，在資本主義社會中，父權主義會把女性和家庭視為市場的避難所，是免費提供關愛的源頭。父權主義忽略了，這個社會是如何透過性別訓練、婚姻的物質必需品、含蓄的威脅，來要求女性提供這些「自發性」奉獻行為。這兩種病理學處於十分緊繃的狀態，但這並不代表兩者不會互相加成，也不代表它們不會形成單一的有機體。

作家詹姆斯、義大利女性主義者瑪麗亞蘿莎・達拉・科斯塔（Mariarosa Dalla Costa）與費德里奇都曾在一九七〇年代指出這一點，而美國哲學家南希・弗雷澤（Nancy Fraser）從那時候開始，也一直主張同一個觀點：當我們把家庭視為一個提供陰柔關懷的場所時，這個場所就會服務資本主義，並為市場關係的強制性而補償情感和性給男性。

這種做法的隱性成本，是父權家庭的強制性，而承擔這些成本的主要都是女性。非自願守貞者真正在抱怨的是，他們在這套系統中無法獲得女性為他們提供的喘息空間，而支持這套系統的正是他們的意識形態，他們在這種意識形態中，堅持要把女性視為賦予地位的商品。

82. 多賽特在《紐約時報》專欄文章中討論到的另一位「支持極端主義者的基進派怪人」，其實就是我。雖然多賽特知道我和漢森不一樣，我並沒有暗示這個社會上存在著性權利，但他認為，我們兩人的文章都是對晚期現代性生活的邏輯所做出的回應，也就是創造了新的贏家和輸家，並帶來了新階級制度取代舊階級制度的性革命。

多賽特對我的解讀很正確，我想要為目前的狀況，提供一個烏托邦式的女性主義回應，而漢森提供的則是一個更符合自由主義技術商業趨勢的解決方案——性愛機器人和即時色情作品的時代。

至於多賽特自己支持的觀點，則是：「另類的保守反應……也就是說，在面對社會上普遍的孤立、不快樂和低生育時，我們的解決之道或許是，恢復或適應各種比較老舊的觀念，例如單一伴侶制、貞潔和永恆的美德，以及對守貞者的特殊尊重等。」

83. 不過，多賽特這些受到宗教影響的保守觀點，與漢森認為國家應該強制實施性權利的提議，並非真的互相對立。單一伴侶制的婚姻、異性戀本位的家庭和貞操規範，就像漢森認為政府應該要補貼非自願守貞者一樣，都是父權結構的一部分，而這種結構的其中一個目的，就是確保男性能獲得女性的身體與思想。從女性主義者的角度看來，無論推行男人性權利的是國家還是社會，都不重要。事實上，這兩者都實施了男性的性權利。

84. 至於對守貞者的特殊尊重，則完全沒有任何問題，前提是，這種尊重不能是他們在教導同性戀厭惡自己的慾望之後，才提供的安慰獎。

85. 多賽特認為，一九六〇年代的性革命使我們變得有所欠缺，他說得沒錯，這也正是基進女性主義者長期以來一直堅持的論述。但性革命並沒有如他所說的，創造出新的贏家和輸家，也沒有出現新的階級制度。

86. 要說起來，性革命最突出的地方，其實就是有許多東西沒有改變，這正是為什麼，性革命能對一整個世代的基進女性主義者的政治，產生這麼大的影響。

女人說「不」的時候仍然代表「好」，女人說「好」的時候，仍然是個蕩婦；黑人和棕色人種男性仍是強暴犯，黑人和棕色人種女性受到的強暴仍不算強暴；女孩仍在索求性，男孩則仍然必須學會給予性。

87. 那麼，性革命到底解放了誰？

88. 我們從來都沒有自由過。

第五章

曖昧不清的仰慕關係：從師生戀、性騷擾看權力控制

一九九二年，威斯康辛大學密爾瓦基分校（University of Wisconsin-Milwaukee）的英語和比較文學系特聘女教授珍·蓋洛普（Jane Gallop），被兩名女研究生指控性騷擾。

學校在經過長時間的調查後，判定蓋洛普在其中一名學生的案件中，違反學校禁止教職員工和學生建立「合意戀愛關係」這條規定。

在蓋洛普受到威斯康辛大學的溫和懲戒後，過了五年，她出版了《被指控性騷擾的女性主義者》（*Feminist Accused of Sexual Harassment*）一書，針對自己被指控一事做出辯白。她說，沒錯，她曾在酒吧裡當著其他研究生的面，和其中一名女研究生親熱過，也曾在一次會議上，聲稱研究生就是她的「性偏好」，還蓄意使教學關係充滿張力、調情和性慾。

她在一九八二年，遇到未來成為她人生伴侶的男人，但在這之前，她曾和許多學生上床，其中有研究生也有大學生。她說，更重要的是她的這些行為都沒有錯：

> 事實上，教師與學生之間的教學關係，在張力最高的時候（在我看來也是最有成效的時候），其實是一種合意戀愛關係。如果學校決定不但要限制師生之間的性關係，還要限制戀愛關係的話，那我們校園內禁止出現的合意戀愛關係，很可能就是教學本身。

蓋洛普認為，教學的理想形式就是一種充滿戀愛與性慾的關係，那麼，允許師生把這種關係體現在實際的性行為上，難道會帶來什麼危害嗎？禁止師生性行為，等同禁止帶有性慾色彩的教學方法，但蓋洛普認為，這才是最有成效的教學方式。

一九八〇年代初期，美國大學開始規勸、禁止教授和學生之間的性行為。直至今日，在美國以外的國家仍很少見到這種禁令，在我任教的英國牛津大學（University of Oxford），有一條規則寫道：「雖然大學不希望規範員工的私人生活，但我們強烈建議員工在建立密切的私人或親密關係時，不要選擇與自己有指導關係的學生當對象，我們也必須提醒員工，注意這種關係可能帶來的併發問題。」

美國校園採用這些政策的原因，是女性主義者在一九七〇年代和一九八〇年代倡導的反性騷擾運動。雖然自從美國在一九六四年通過《民權法案》（*Civil Rights Acts*）以來，政府就依法禁止「基於性」（on the basis of sex）而產生的就業歧視，但一九六〇年代和一九七〇年代的女性，依然必須努力要求政府設立法律，來抵制職場性騷擾。

當時，法官常把職場上的性騷擾視為個人問題，也有些法官認為，性騷擾是一種非基於性的歧視，而是基於其他原因。舉例來說，如果有一名女性不願意跟老闆發生性關係，導致工作環境變得惡劣，在當時的法官看來，你被歧視的原因並非「基於性」，而是你的個性或特質所造成的，所以反歧視法不會保護你。

曾有法院依照類似邏輯裁定，僱主解僱一名女性的行為不算性歧視，因為該名女性會被開除，原因是她不遵循公司要求女性穿裙子的規定；法院指出，這名女性受到的歧視並非基於性，而是基於她是「喜歡穿褲裝」的女人。

那個時代的女性主義者努力想讓法庭看見的，是對許多現代人來說理所當然的事：性騷擾不是單純的個人問題，也並非與性別無關，性騷擾表達並加強了女性的政治次等地位。

一九七四年，剛被美國國家環境保護局（Environmental Protection Agency，簡稱EPA）解僱的行政助理波萊特·巴恩斯（Paulette Barnes），以性歧視（sex discrimination）為由起訴前僱主。巴恩斯的前上司道格拉斯·科斯特（Douglas Costle），在巴恩斯屢次拒絕他的性關係提議後，開除了她。

法院駁回了這個案件，但此案隨後又被送到哥倫比亞特區上訴法院（District of Columbia Court of Appeals）[1]進行複審。當時還是耶魯大學法學院學生的麥金儂，提供一份文件給該案的法官助理，而那份文件後來則變成她的開創性著作《職業女性的性騷擾》（*The Sexual Harassment of Working Women*）。最後，法院裁定巴恩斯遇到的確實是一種性歧視，因此違反了《民權法案》第七章[2]。

數年後，麥金儂成為了革新派紐哈芬法律團體（New Haven Law Collective）的領導人之一，幫助一群耶魯大學的大學生起訴學校，起訴原因是這些學生和他們的同儕，在學生時代遭到性騷擾，而學校沒有對此採取任何有效措施。

雖然這個案件以學生敗訴告終，不過《亞歷山大訴耶魯案》（*Alexander v. Yale*）依然為往後的案件確立了標準；根據一九七二年的教育法修正案第九條顯示，性騷擾確實構成性歧視。這項裁決推動了全國各地的大學開始制定性騷擾法規和申訴程序。

根據法律定義，性騷擾包括違反當事人意願的性試探，而從這項定義來看，性騷擾似乎並不包括教授和學生之間的合意關係。

事實上，早期的性騷擾政策確實不曾對師生關係表示任何意見，但在一九八六年，美國最高法院裁定了就算行為屬合意，也不代表絕對不是性騷擾。促成這項解釋的案件是《墨理托銀行訴文森案》（*Meritor Savings Bank v. Vinson*），在該案件中，一名年輕女性蜜雪兒・文森（Mechelle Vinson）因為「過度」休假而被銀行解僱。

文森從四年前開始在銀行工作，她的上司席德尼・泰勒（Sidney Taylor）在她就職後不久，就開始要求文森與他發生關係。一開始她拒絕了，但最終因為害怕失去工作而屈服，據文

1　美國哥倫比亞特區的終審法院，相當於美國各州的最高法院。

2　該案件的三名法官之一是喬治・麥金儂（George MacKinnon），他是保守派共和黨員，也是凱瑟琳・麥金儂的父親。他寫下的判決指出：「性試探的本質或許不具侵犯性，我們也無法從公平就業機會的法律中，導出哪個政策能遏止性試探……真正令人心中警鈴大作的並不是濫用的行為，而是這個行為本身。」

森估算，她同意與泰勒發生性關係的次數多達五十次，並作證說，她曾多次被泰勒強暴。

另外，文森就像前面提到的巴恩斯，以及其他關鍵性騷擾案件中的女性一樣，都是黑人。在美國的性騷擾案件和相關法律爭鬥中，首當其衝的都是黑人女性。

後來，法院表示，文森同意老闆的性要求，並不代表她樂於接受此事，她會同意，是因為她害怕拒絕的後果。

老師和學生，只要彼此合意就能交往？

接下來，讓我們將《墨理托銀行訴文森案》的邏輯擴展到學校。學校因此可以認為，教授是在性騷擾那些自願與他們發生性關係的學生；畢竟，學生之所以會同意這種關係，有可能不是因為他們真的想要這麼做，而是出於恐懼。

大學因為擔心校方必須負起的潛在責任，所以從一九八〇年代開始新增性騷擾規範，其中也涵蓋教授和學生之間的合意關係。根據估算，在一九八九年，只有一七％的美國大學針對合意關係設立規範，而到了二〇〇四年，數字則上升到五七％，而二〇一四年的一項調查指出，此數字上升到八四％[3]。

在這段期間，相關規範也變得越來越嚴格。二〇一〇年，**耶魯大學成為美國第一所全面**

禁止教職員與大學生建立戀愛關係的大學。

在此之前，耶魯大學就已經禁止教職員，與已經有或可能會有督導關係的大學生和研究生發生戀愛關係，這項規定在一九九七年制定；當時，一名十七歲的新生和她的數學教授有一段顯然為雙方合意的婚外情，這名學生後來說，她覺得自己受到背叛、被利用。

當時，美國律師傑弗瑞・圖賓（Jeffrey Toobin）在《紐約客》文章哀嘆道，數學教授傑・喬根森（Jay Jorgenson）與其他像他一樣的人，事業都可能會被毀掉。不過，值得一提的是，喬根森如今是紐約市立學院（City College of New York）的終身教授。

耶魯實施全面禁令後，許多美國大學也跟進。二〇二〇年，倫敦大學學院（University College London）成為全英國第三所禁止師生戀愛的大學。每一所大學在證明這些禁令的正當性時，都會引用教師和學生之間的權力差異，他們說，**這種權力差異，使人懷疑學生的同意是否還有意義。**

學校添加校園性騷擾規範，並把合意的師生戀愛關係含括在內，可說是女性解放運動的

3 於臺灣，滿十六歲皆有性自主權，可自己決定是否要與他人發生性行為；而依校園性侵害或性騷擾防治準則第七條規定，教師在與性或性別有關之人際互動上，不得發展有違專業倫理之關係。

成就之一。然而，在學校開始加強此規範時，部分女性主義者立刻出聲譴責，表示這種舉動大大違背了他們的原則。

他們認為，學校在否認女學生有能力與教授發生合意性關係的同時，等於是把強暴犯「說不等於同意」（no means yes）的邏輯顛倒過來，變成「說是等於不同意」（yes means no）的道德說教邏輯。

難道女大生不是成年人嗎？難道她們無權與她們喜歡的人發生性關係嗎？難道這些政策，沒有落入太過熱衷於控制女性的性生活、正在逐漸崛起的宗教右派勢力手中嗎？

其實，此狀況正如美國女性主義活動家安・斯妮特（Ann Snitow）、性別史史學家克莉絲汀・史坦賽爾（Christine Stansell）和作家雪倫・湯普森（Sharon Thompson），在一九八一年寫給芮曲的溫和批評信中寫道：「在雷根時代，我們幾乎沒有能力浪漫化任何有關美德和道德性行為的舊規範。」

在一九八〇年代和一九九〇年代，也有部分女性主義者反對學校執行這些規定的方式，他們指出，這種執行方式會使人們對教學方法的理解，變得更加階級化，因而在同時變得反女性主義。**人們看見的，將是手握大權的教授與弱勢的學生。**

至於反對新禁令的男性，則提出預料之內的怨言，他們說，這些規定等同在攻擊個人自由。一個最惡名昭彰的案例，是有一名男性抱怨，這項禁令忽視了由男性教授替年輕女性破處的好處。

但是，在過去這二十年來，這些論點逐漸越來越邊緣化，如今已經鮮少有女性主義者反對學校徹底禁止師生戀了。這種發展反映出如今的女性主義者，在論及受到巨大權力差異影響的性關係倫理時，心中的焦慮感逐漸變得越來越深。

對於相對沒有權力的人，他們同意和有權力的人發生性關係時，「合意」一詞是否真的擁有同樣的意義？

有時候，女學生會接受她們並不想要的性關係，這是毫無疑問的。她們之所以會同意，是因為害怕不同意的後果——成績變差、推薦信平淡無奇、被老師忽視等。

但是，也有許多女學生同意與教授發生性關係，是出於真正的慾望。此外，有一些教授給人的性與戀愛暗示，在學生之間非常受歡迎。

所以，當我們堅持教授和學生之間的權力差異，使合意性關係不存在時，可能代表了兩種涵義：第一，我們認為女學生就像孩子一樣，從本質上來說，沒有能力同意性關係；第二，認為教授令人目眩神迷的力量，會使女學生失去能力。不過，到底哪一位教授真的擁有如此強大的魅力？

但是，這並不代表學生與教師發自內心的想要發展性關係，是沒問題的行為。請想像一下，如果有一位教授欣然接受了學生的迷戀，並帶她出去約會，與她發生關係，和她成為一對情侶，說不定他過去也曾和許多學生做過同樣的事；相對的，這名學生給予了她的同意，其動機並不是出於恐懼。

我們真的能說這樣的關係沒有任何問題嗎？但如果這樣的關係令人感到困擾，但問題又不在於缺乏合意的話，那到底是哪裡錯了？

若我們指出這位教授該做的事不是和學生上床，而是教導學生的話，這樣的論點會不會太乏味、太無聊了？

學生對教授的愛，類似於病患與心理分析師

蓋洛普對其學生所提出的性騷擾投訴，做出了正式回應。她引述佛洛伊德的移情概念，也就是患者傾向於無意識的把自己童年時期，對重要人物（通常是家長）的感受，投射到心理分析師（analyst）身上。

這種移情帶來的結果，通常就是佛洛伊德所謂的移情愛（transference-love）。患者會在移情愛中，把他們奉獻、迷戀和渴望取悅的對象，從孩童時期的父母轉移成分析師。

蓋洛普說：「在我們與真正能帶來改變的老師建立關係時，移情是不可能避免的。」換句話說，愛上我們的老師，是教學順利進展的象徵。

或許事實真是如此。我們之中有許多人，是因為一些老師激發了我們的新慾望和需求，最後才會成為教授。身為教書的人，我覺得老師們很可能會意識到，除了被我們激發這一類慾望的學生，會出現類似移情的狀況之外，那些體驗到教學權威的學生，也會出現類似情況，他們會表現得好像這種權威對他們的獨立性，帶來了致命的攻擊，並因此產生極高的敵意而非崇拜。

即便如此，蓋洛普仍舊忽略了佛洛伊德的另一個堅持：分析師絕對不准與被分析者建立戀愛關係或性關係。

正如一位讀者所說，對佛洛伊德而言，分析師雖然會做出回應，但不會以同樣的情緒回應。也就是說，分析師不可以對患者做出愛或敵意的回應，也不能利用移情作用，來滿足他們自己的情感或身體（佛洛伊德提出一個對分析師來說，很有幫助的提醒：「病人墜入愛河，是因為分析情境誘導出的感情，而不是因為分析師的個人魅力。」）。

佛洛伊德說，分析師該做的就是，把移情關係當作治療的工具。技巧純熟的分析師在運用移情作用做治療時，可以把患者的注意力引導到正在產生作用的移情本身；分析師可以「說服」患者，讓患者覺得移情感受只不過是受壓抑之情緒的投射罷了。我等一下會再回頭討論這個論述的歧義性。

佛洛伊德說：「如此一來，移情作用就會從最強大的抵抗武器，轉變成分析治療的最佳工具……這是分析技術中最困難、也最重要的一部分。」

若教授要對學生的移情愛做出反應，但不是以同樣的情感的回應，而是在教學過程中善用移情作用的話，應該怎麼做？依照推斷，教授在回應時，應該要說服學生，對方對他的渴望只是一種投射，學生真正渴望的根本不是教授，而是他代表的事物。

讓我們從佛洛伊德的論述，轉換到柏拉圖。**教師必須把學生產生情慾能量的對象，從自己身上轉移到正確的目標上——知識、真理、理解。**

人們在為教授與學生的性關係辯護時，除了會引用佛洛伊德的論述外，也會以柏拉圖的觀點借鏡，但柏拉圖並沒有和他的老師蘇格拉底（Socrates）上床。事實上，柏拉圖在《理想國》（*Res Publica*）中記錄，蘇格拉底曾說過，如果哲學家與他們正在教育的年輕男孩，想以「正確的方式愛和被愛」，那他們之間的關係絕對不能涉及性愉悅。

這等於是在說，把學生的情慾能量吸收到自己身上的都是壞老師。正如佛洛伊德所說，若是一名好老師，無論他多麼珍視愛人這件事，他都必須更加珍視能夠幫助學生的機會。

佛洛伊德說，分析師必須說服患者，其移情感受不是對分析師的真實感受，只是一種投射而已，我們該如何看待這種論述的歧義性？這段論述指的是分析師必須揭露真相嗎？又或者，分析師應該說服患者相信謊言？佛洛伊德的回答介於兩者之間。

病人的移情確實是受壓抑之情感的投射之一，使患者把治療師當作一種象徵在愛。但佛洛伊德說，這種投射並不會使病人的愛變得比較不真誠，因為投射其實是每一種愛都包含的必要性質。

佛洛伊德表示：「移情愛的自由度也許比日常生活中的愛還更低一些……移情愛對嬰兒模式的依賴性較高、適應性較差、可修改程度較低，但也僅此而已，這樣的差異並不重要。」

所以，或許學生對教授的愛也是一樣的道理。我們可以說，她是真的愛上了教授所代表的事物，而不是教授本身，但是，這世上有誰不是以這種方式墜入愛河？法國意識流作家馬塞爾．普魯斯特（Marcel Proust）就說：「我們墜入愛河，是因為一個微笑、一個眼神、一個依靠，光是這樣就已經足夠了。接著，在無比漫長的希望或悲傷中，我們捏造出一個人、塑造出一個角色。」

這麼看來，學生對教授的迷戀，以及其他人對任何人的迷戀之間，差異應該在於程度，而不是類別。師生戀的問題不在於他們無法建立真正的戀愛關係，有許多教授都和以前的學生結婚（師生戀擁護者經常把這件事拿出來炫耀，好似我們都身處於威廉．莎士比亞〔William Shakespeare〕的喜劇中，結婚必定會有好結局一樣）。

但是，正如佛洛伊德所指出，問題不在於學生與教師能否在教育環境中實踐真正的浪漫愛情，而在於能否實踐真正的教學。

或者，讓我們換一種說法，問題在於老師應該以老師的身分，對學生表現出哪一種愛。非裔女權作家胡克斯在一九九九年的文章〈擁抱自由〉（*Embracing Freedom*）中，要求老師們心自問：「我要如何愛我在這些教室裡看到的陌生人？」胡克斯指的愛並不是戀人之間，具有排他性、嫉妒性、二元性的愛，而是一種更疏遠、更受控制、對他人和世界都更開放的愛。

這樣的愛，同樣是愛。

曖昧不清的仰慕關係——究竟是想成為他，還是擁有他？

在我們論及老師和學生之間的權力差異時，常會認為老師對學生生命的影響，大過學生對老師命運的影響，但事實並沒有那麼簡單。其實，這樣描述師生之間的戀愛關係，就像是在邀請反對者來告訴你，由於女學生可以使男教授被解僱，所以女學生才是握有各種權力的一方一樣。美國當代劇作家大衛．馬密（David Mamet）的作品《奧利安娜》（*Oleanna*）[4]的前提，就是此論述。

事實上，**師生關係最本質的特徵，其實是深切的知識不對等。教師了解並知道如何做到某些事情，而學生則想理解他們能如何做到同樣的事。**

師生關係中隱含了「未來將會減少不對等性」的承諾，因為老師會把自己的一些權力賦予學生，幫助學生至少在某個層面上變得更像他。若老師把學生對知識權力（epistemic power）的渴望，轉變成性的鑰匙，允許自己有意識或無意識的成為學生渴望的對象，那麼，這名老師就等於是以教師的身分，辜負了這名學生。

以下是一名教師的前女友的論述：

有很長一段時間，我無論到哪裡都感到無知、羞愧又內疚。他的許多同事都知道，我會為了哪些事幫他跑腿……他有許多同事是我其他課的教授，我在他們面前總是覺得非常丟臉。知道這件事的同學會嘲笑我，我對他的情感與依戀，為我贏得了「某某教授的看門狗」之稱，就好像我不能獨立思考，只能依照主人的命令捍衛他一樣。

老師和學生之間的關係被顛覆了，師生關係的重點應是滿足學生的需求，但如今，在她的男友眼中，她卻應該滿足教授的需求（幫他跑腿、滿足他的自尊）。不僅如此，學術社群中的其他人，也開始用不同的眼光看待她，儘管這可能是她自己的設想，但我們真的能說這種設想是錯的嗎？

她再也無法把其他教授單純看作老師，這些人現在變成她男友的同事。就算她仍然就讀

4 講述一名大學教授與女學生之間的權力之爭，女學生指控他性騷擾，因而損害了他獲得終生職的機會。

於這所學校，但她還能算是學生嗎？如果她決定要離開學校的話，我們會感到意外嗎？

《被指控性騷擾的女性主義者》出版後，南加州大學（University of Southern California）英語教授詹姆斯．金凱德（James Kincaid），在期刊《批判性探討》（*Critical Inquiry*）中，針對該書提出討論。

他為蓋洛普的性騷擾指控做出辯護。在他看來，這項指控缺乏「有趣」的感覺。金凱德先舉出一個案例，此案例來自他上學期收到的一封學生來信：

親愛的金凱德教授：

我從來沒做過這種事，但我的室友一直說我應該這麼做，她說，如果我有話想說，就應該說出口，所以我寫了這封信。我真的很喜歡你的課和你解釋各種事情的方式，我的意思是，我一開始閱讀這些詩的時候，它們對我來說沒有任何意義，一直到你開始討論這些詩之後，它們才開始具有意義。

你說話的方式和我在英語系遇到的其他老師不同，他們知道的事情或許比你更多，但他們沒辦法好好把這些事情傳達給學生，希望我這麼描述能讓你理解我的意思。

你說，浪漫主義詩人寫的是感情，他們不像亞歷山大．波普（Alexander Pope）那些十七世紀詩人一樣不對情感多加描寫，我馬上就聽懂你的意思了。我自己也有很多感情，不過我當然不是個詩人啦，哈哈。但無論如何，我只想說聲謝謝，我覺得這樣很棒，希望你能繼續堅持下去。

金凱德將這張紙條解讀為調情的意味，也想成一種關係的起始點或邀請：

那封沒有署名的誠摯信件，表達了真正的渴望……我的仰慕者覺得這樣很棒，希望我能繼續堅持下去，他或她寫了這封信給我，希望我也覺得這樣很棒。我確實覺得很棒，他或她也這麼想，我們將會一起堅持下去，因為對我們兩人來說，永無止境的覺得彼此很棒，是一件很有趣的事。

沒有人會到達終點，沒有人會被賦予權力，也沒有人會成為受害者。如果我和這位敏銳的學生超越了寫信，把一切轉變成實質接觸的話，那也不會是因為我有東西要給予他或她，所以他或她必須接受，同時也不會是相反的情況。就算這一切轉變成實質接觸，也只會是因為我們覺得這樣很棒，希望能繼續堅持下去。身體上的實質關係並不是進步，只是一種不同的關係罷了。

金凱德的職業，是解讀文本並教導他人分析文字，若他分析的不是一名年輕女人寫給他

的「誠摯」信件的話，金凱德在做的事情，簡直就像是在諷刺某種特定的「不正當」精神分析解讀。

同時，金凱德堅持要用模稜兩可的性別（他或她）稱呼這名學生，但我們都知道這名學生是一名年輕女性，就算從信件的語氣上看不出來，我們也可以從宿舍室友的性別看出。金凱德表現得就像是，這封信與他的回覆都跟性別無關一樣，這麼做能讓他獲得什麼好處？

事實上，金凱德對這封信的解讀是一種濫用，他色情化了原本甜美又真誠的情感描述。這名學生第一次明白詩的意義，並對這位教授感到肅然起敬，在她遇過的所有教授中，只有這位教授能讓她了解詩歌的意義。

然而，他忽略了這些內容，把焦點放在最後一句話：「我覺得這樣很棒，希望你能繼續堅持下去（keep it up）。」金凱德把這句話看成了粗俗的雙關語，以為這和他的陰莖有關，而學生對此感到很享受，希望能永遠持續下去，原因是「這樣很有趣」。

但他的學生，也可能並不是這個意思。她或許只是希望他能堅持下去，請他繼續這樣講課，因為學習這些事物能幫助她理解詩的含義。她也希望自己能理解詩，而不只是開心的看他解讀給學生聽。

金凱德堅持用自慰的觀點看待學生的渴望，因而想像出他和學生的未來，說他們會超越寫信，把一切轉變成實質接觸，而且到時候，沒有人會被賦予權力，也沒有人會成為受害者。

難道撰寫了《愛兒童》（*Child-Loving*）一書的作者金凱德，和他的學生在權力上沒有任何差異嗎？讓我們暫且拋開機構權力的問題，例如究竟是誰替誰評分、誰替誰寫推薦信等。除了機構權力之外，這裡還有其他權力差異。

第一個是知識權力。金凱德知道要怎麼閱讀，才能使閱讀變得有意義，他的學生則缺乏且想擁有這種權力。在他解讀這封信的過程中，特別令人不安的一點是，這名學生的智力尚未成熟。

金凱德說她是敏銳的學生，這樣的描述聽起來既像是在操縱他人，又有些殘忍，這個詞語帶給學生的，是她想要的事物（也就是老師的技能）的仿造品。金凱德在文章中抄錄這封信時，很可能沒有經過她的許可，因為他確信這名學生不會閱讀《批判性探討》。但如果她讀了，看到自己尚不成熟的真摯文章，被拿來當作性的戰利品，會有何感受？

第二個權力差異在於，金凱德不但可以解讀詩，還可以解讀學生本人。這是一種形而上的力量，也就是說，這種力量不但能揭露真相，還能創造真相。他告訴我們，她的信具有潛在的性暗示，而要實踐這種性暗示，自然必須發展性關係，而性的目的，不過是「將一切轉變成實質接觸」。

如果金凱德如此解讀給那名學生，而學生相信他說的必然是文本背後的真相，那會發生什麼事？金凱德是否有權力能創造真相，讓學生認為她的信在某種層面上與性有關？

金凱德可能會抗議，堅稱她的信確實與性有關。的確，信的內容有許多地方，看起來都像是在表達慾望，開頭讀起來就像是愛的告白：「我從來沒做過這種事……。」還說自己有很多感情，然後又立刻嘲笑自己，之後，又說金凱德很特別，和其他老師不同。

或許他沒說錯，或許只要他願意，不需要任何脅迫、威脅或交換條件，他就能和這個學生上床。也許，他只要為她讀一些英國浪漫主義詩人威廉．華茲華斯（William Wordsworth）的作品，並稱讚她很敏銳，就能把她帶進臥室了。

但是，那又怎麼樣？我們真的相信金凱德並沒有故意性化（sexualize）這種互動嗎？我們真的相信他在面對學生的意願時，只是被動、順從的嗎？

當然，我們很難單憑一封信就讀懂一個人的想法。也許這位學生只是很欣賞金凱德，希望能變得像他一樣；也許，她並不知道自己想要什麼，不知道自己是想變得像金凱德一樣，還是想擁有他；又或許，她兩者都想要，認為擁有金凱德是一種手段或象徵，能使自己變得像是金凱德。

說不定，她認為自己永遠不可能像金凱德一樣，所以選擇了第二想要的事物——擁有他；又或許，她只不過是想和金凱德發生性關係，而那些和詩有關的話題，都只是為了誘惑他。

無論哪一個假設是正確的，金凱德都一樣有很大的機率，能讓這名學生與他發展合意的性關係。在一名學生的渴望尚未成形時——我是想要像他一樣，還是想要擁有他？——老師可以輕而易舉的將這種渴望引導成後者。而當學生錯將和老師上床當成一種手段，能使得自己變得像老師一樣，或是認為老師對自己有興趣、和他上床，代表自己更接近老師的知識程度時，老師也同樣可以輕鬆誘導學生。

即使學生的渴望顯然是變得像老師一樣，老師也可以毫不費力的說服對方，她真正渴望的其實是他，或是和他上床，就可以使她變得像他一樣（想理解浪漫主義詩人的「感覺」，最好的方法當然是親身體會，不是嗎？）。

無論學生是怎麼想的，金凱德身為一名教師，都應該要把重點放在引導學生的渴望遠離他自己，轉向適當的目標，也就是知識權力。

如果學生原本就想要知識權力，金凱德就應該要保持克制，而不是性化學生真誠表達出來的學習渴望。如果學生對自己的渴望感到矛盾或困惑，他就更該進一步劃清界線，把學生的渴望引導到正確的方向。

佛洛伊德認為，分析師在精神分析的過程中，必須用明確的態度引導病人往合適的方向前進，告訴病人他正在經歷移情作用。但在教學脈絡下，明確告訴學生這是移情作用，會使人感到非常尷尬，而且無論師生關係有多親密，老師都不應該任意解讀學生的想法。

但是，老師可以用比較隱晦的方式，重新引導學生的精力，安靜的退後一步，把學生的注意力從人轉移到想法、文字與觀點上。金凱德不但沒有做到這一點，甚至也沒有嘗試過，由此可知，金凱德無法成為他的學生所稱讚的角色，他並不是一位好老師。

教師必須抵抗誘惑，不應該允許自己有意識或無意識的成為學生渴望的對象。我並不是在說，教學可以或應該要完全消除自戀式的滿足感。在你設法轉移學生的渴望之後，若學生仍然渴望你，你當然會享受這種因你而起的渴望，但這和「使自己變成學生渴望的對象」是兩件截然不同的事情。

這種自戀，是好老師的敵人，而性化則是這種自戀最明顯的表現形式，除了性化之外，它還有其他呈現方式。

二〇一八年，紐約大學（New York University）日耳曼文學和比較文學系的教授阿維塔爾．羅內爾（Avital Ronell），因性騷擾一名研究生而被停職，她的案件中最令人震驚的一點在於，她被控犯下的性侵害行為中，只有極少數與性有關。

她曾要求研究生花大量時間和她相處、通電話，根據她的需求安排生活規畫，甚至與朋友和家人保持距離，且不得離開紐約。如果羅內爾從頭到尾都沒有觸摸並傳送色情訊息給研究生的話，紐約大學很可能會認為，她沒有違反教育法修正案第九條。

但是，就算她沒有違反法律，只要她利用學生來滿足自己的自戀需求，她就已經是一名失職的教師了。我們可以從這個案例看出，學校的性騷擾規定有其極限，這類規範充其量只能禁止已經嚴重偏離良好教學的行為，但無法教導教授們該怎麼用正確的方式教課。

女學生不只是學生，還是一具「值得性交」的身體

前面提到，金凱德在談論他的學生時，表現得好像她有可能是別的性別一樣，這麼做能讓他獲得什麼好處？他不想面對什麼事情？我們可以明顯看出，他實際上在描述的情況，是師生戀愛關係中最常見的一種形式，也就是比較年長的男性教授，與比較年輕的女學生之間的戀愛關係。

金凱德不希望我們認為他落入了俗套，大概也不希望我們思考，又或者他根本沒有意識到，是什麼樣的性別動態，在支撐這種陳腔濫調的戀愛關係。

我所說的性別動態，不只是男孩和男人在社會化的過程中，如何覺得自己應該支配他人，女孩和女人又如何認為，被他人支配時，自己才是性感的；也不只是部分男性教授如何結合性權利與對於智力的自戀傾向，把自己與女學生的性行為，合理化成他們自己在青春期不受歡迎的補償。

在我所說的性別動態中，最重要的一件事是，**這個社會透過社會化女性的過程，使女性用特定方式來理解，她們對值得欽佩的男人所抱持的感受。**

芮曲認為「強制異性戀」（compulsory heterosexuality）的制度，是一種政治結構，而這種結構強迫所有女性，無論性向，皆以一種適合父權主義的方式調整她們與其他女性的關係。

這套政治結構的其中一種調整機制，是暗中指示女性對值得欽佩的其他女性，應該抱持什麼感受，或應該如何解讀這種感受。你的適當反應應是嫉妒，而不是慾望，你的感覺必定是想要變得像那個女人一樣，因為你永遠不可能只是渴望那個女人。但是，在面對有吸引力的男人時，情況則正好相反，你一定是想要他，而不是想要變得像他一樣。

英語和女性主義理論教授芮吉娜．巴瑞卡（Regina Barreca），在提及成為教授的女性，以及和她們談話時，提問道：「我們是在什麼時候……是在哪一個瞬間意識到，我們想要的是成為老師，而不是和老師上床？」

巴瑞卡認為，多數女性的預設模式，都是把她們對（男）老師感受的渴望解讀為自己對這名老師產生慾望，所以，她必須先克服這種解讀，才能成為老師。而男學生與男教授互動時，也會出現社會化後的特定反應，他會認為自己想要的是變得像老師；在極端狀況下，他甚至會想要摧毀和取代老師，男學生的戲劇化心理活動正是源自於此。

男學生比較可能把老師視為模仿對象，女學生則較可能把老師視為渴望對象，這種差異並不是自然或天生的性格差異，而是性別社會化帶來的結果。

我們必須在此闡明的是，無論是男或女教授和男或女學生上床，都同樣是一種教學上的失敗。但是，當我們對老師與學生發生合意性行為的現象做倫理評估時，如果沒有注意到此現象最典型的狀況，是男教授與女學生上床的話，這個評估就漏掉了一個關鍵重點。

在男教授與女學生上床的狀況中，也就是在教師和學生建立合意性關係的多數實際案例中，教授的失敗不只代表了他沒有將學生的性慾能量，重新引導到適當的目標上，同時還表示女性在父權主義之下，以一種特定的方式被社會化，而這種社會化的方式，有助於父權主義的發展。另一個同樣重要的事實是，這種失敗將確保男性與女性，無法平等獲得教育所帶來的益處，藉此催生更多推動這種失敗的動力。

芮曲在一九七八年為教導女學生的老師演講時，談到一個關於男女共學的概念：「你以為因為女性和男性坐在同一個教室裡、聽同樣的課、閱讀相同的書籍、進行相同的實驗，他們就是在接受平等教育。」

這個概念其實是錯誤的，因為女性在進入或存在於教室中時，和男性並不是平等的。在父權主義的制度下，人們認為女性智力較低、鼓勵女性承擔較少風險，並展現較少的野心，同時給予女性較少的指導、把女性社會化成比較沒有自信，也比較不認真對待自己的個性、提出證據告訴女性，思想就是一種性的責任，又告訴她們，自我價值取決於她們是否有能力吸引男人的性注意力。

女性被培養成照顧者、母親和溺愛丈夫的妻子，而非學者或知識分子。芮曲問道：「如果我在晚上從圖書館步行回家會危險，是因為我是一名女人，可能會被強暴的話，那我怎麼有辦法在圖書館裡，冷靜沉著又全心全意的工作？」

同樣的，我們也要問，如果我知道我的教授不僅把我看做應該受教導的學生，而且也將我視為「應該性交、值得性交」的一具身體，那我怎麼有辦法在他的教室裡，認真且冷靜的上課呢？

研究職場性騷擾的早期女性主義理論學家認為，性騷擾對女性生活造成的傷害遠超出了性騷擾的情境，也就是說，性騷擾不只會使女性對部分男性的特定行為產生負面心理反應。真正傷害了女性的，是性騷擾的功能，也就是監管並加強女性身為女人與勞工的次等地位。

男教授對女學生進行性試探，是一種隨處可見的行為，若我們認為這種行為的功能（無論教授是否有意執行這種功能），是為了讓女性牢牢記住，她們在大學中應該處於什麼地位的話，這種想法算是誇大嗎？

若我們覺得，社會允許女性進入大學後，扮演的角色不是學生或未來的教授，而是性的戰利品、卑躬屈膝的女友、情感的照顧者、妻子、祕書……這種想法不誇張嗎？如果我們認為，這種做法不僅代表了教育學的失敗，也象徵社會正在強化父權主義的性別規範，這樣的解讀會太浮誇嗎？

我有一位朋友是非常出色的女學者，她曾向一位男同事解釋說，無論是在大學還是研究所中，只要有任何一位男導師把手放在她的膝蓋上，她的一切都會因此「毀掉」。

她的同事大吃一驚，他知道摸膝蓋這種行為令人厭惡、是錯誤的，也是一種性騷擾，但這麼小的一個動作怎麼會毀掉任何人？她向他解釋，那是因為他不了解這種感覺，她在知識方面的價值感，其實非常依賴男性的認可。

放任目光「順其自然」的移動，就可能構成性騷擾

胡克斯在〈愛慾、情色和教學過程〉（*Eros, Eroticism and the Pedagogical Process*）一文中，寫到她剛成為教授時的一段經歷：「沒有人願意談論教學與身體之間的關聯，你要如何面對教室中的身體？」

你要如何面對（或不面對）自己的身體與學生的身體，這是大學老師幾乎不會談論的事情，簡直就像是一種明文規定一樣。若有大學老師談論這件事，幾乎每一次都是因為焦慮的管理階層，以義務性騷擾訓練的名義，要求眾人進行討論，而且這些訓練鮮少提及師生關係有什麼特別之處。

人們直接把工作場所的性騷擾課程轉移到教室，卻沒有考慮到教學本身的特性，可能會帶來哪些特殊的風險和責任。

有時候，大學老師也會在私下對話中討論這件事。我有一位朋友是很年輕的法學教授，他最近向我表達和大學生共用健身房的尷尬狀況。他說，那些學生可以隨意觀看他的身體，而

他則理所當然的假裝那些學生「根本沒有身體」。我喜歡他使用理所當然這四個字，這代表他很清楚，若他在任何程度上把學生當作潛在的性伴侶，他就不會是個好老師。

但許多人並不清楚這一點，因而帶來令人遺憾的後果。我有另一位朋友在讀研究所時聽別人說，有些女大學生曾抱怨，他身為助教，卻在她們穿短褲或裙子上課時盯著她們的腿看，他因此感到非常困窘。

從來沒有人告訴這位研究生，他以男人的身分，在父權體制下教書對他來說應該代表什麼意義。**如果他放任自己的目光「順其自然」的移動，放任自己與學生的對話和互動「順其自然」的發展，他很可能無法平等對待班上的女學生和男學生。**

從來沒有人告訴他，除非他停止那些對他來說順其自然的舉動，否則，他最後很可能會無法把班上的女性當作單純的學生，而把她們當作可以消耗的身體、可以贏得的獎品、可以汲取的感情蓄水池。

更糟糕的是，從來沒有人和他說，由於這些女學生打從一開始，就在不平等的環境中成長，所以她們有可能會接受他的這些舉動。他在這方面的理解，使他教導的這些女學生對他感到失望。但是，由於這名研究生的老師也沒有教他如何教學，所以他同樣被老師辜負了。

劍橋大學（University of Cambridge）的畢業生丹妮爾・布拉福（Danielle Bradford）在二○一九年，根據英國的平等法（Equality Act 2010）起訴劍橋大學，原因是她先前曾向學校投訴，一位擔任教學助理的研究生持續性騷擾她，但學校嚴重處理不當。

在她一開始投訴那位研究生時，劍橋大學雖然認可了布拉福的說法，但他們只採取了兩個行動，一是要求那位教學助理寫一封道歉信給布拉福，二是要求教學助理不得再與她聯繫。大學為了確保這一點，限制了布拉福（而不是騷擾者）只能進入校園的特定建築物中。與此同時，這位教學助理還在繼續教導其他大學生。

布拉福在推特上抱怨，學校沒有讓騷擾她的人接受任何教學方面的訓練。她的案件由美、英律師安・奧利瓦雷斯（Ann Olivarius）經營的事務所處理，奧利瓦雷斯曾在一九九七年，以耶魯大學生的身分，起訴耶魯大學沒有對性騷擾投訴案件進行適當處理，那個訴訟案開創了美國校園性騷擾規範的新紀元。但是在那個時代，有關教學性倫理的討論很不完整。那麼，布拉福的訴訟案能帶來改變嗎？

大學教學和心理治療專業在這方面的對比大到令人吃驚。培訓治療師的其中一個核心訓練，就是針對移情狀態學習預測和協商，而且他們會在訓練中強調，治療師絕對不可以用相同的情緒，回應患者的渴望。

相反的，大學教授的培訓則完全沒有相關訓練，至少美國的研究生和年輕教授，幾乎都沒有接受過任何形式的相關教學培訓。不過，治療和教學在本質上，分明有其相似之處，那對於專業人士的倫理培訓，怎能如此不同？

在治療與教學這兩種狀況中，都同樣會出現不對等的需求和信任關係、可能會冒出強烈的情緒，也會因為性而損害最終目標。教學與治療之間，並沒有明顯的差異能讓我們判定師生可以建立性關係，治療師和患者之間則不能。

這兩種培訓之間的差異，是過去的歷史偶然造成的結果嗎？佛洛伊德在二十世紀初，對精神分析的性倫理做了深思熟慮又清楚明確的論述，為此後的絕大多數心理治療學派制定原則和規範。教育學的倫理方面，則從未出現過類似佛洛伊德的人物，其中最接近的或許是柏拉圖，但柏拉圖的論述很容易被錯誤解讀。

也許現在還為時不晚，學校對性行為的規範日益嚴格，這樣的趨勢為教授這個群體創造出一個機會，能讓他們思考教學的目標，以及為了實踐這些目標，可以設立哪些行為規範。教授們必須認真對待這件事情，如果他們不管理好自己，到時候就會變成由上層來管制他們，他們則必須承受隨之而來的後果，而且，如今已經出現過不少實際案例。

由上而下的管理，不太可能會考慮到教學在倫理與心理層面的複雜性，相反的，這種約束將會反映出管理人員只想要保護自己不受牽連，以及法律傾向於以看待職場的方式看待教學場所的事實。

令人驚訝的是，討論到針對治療師與患者的關係設立的法律規範時，治療師幾乎全都能接受這種規範方式，這些規範規定的，是處在治療師這個位置的人，應該對處在患者這個位置的人盡什麼義務。

如果教授能推動行政人員和法律，不僅以他們原本就熟悉的合意、強制和利益衝突等觀點去思考，還以處在大學教師這個位置的人，應該對處在學生這個位置的人盡什麼義務的觀點去思考的話，會怎麼樣？**如果我們能為教育學明確描述性倫理的話，會產生什麼改變？**

分手後會怎樣？許多女學生不敢上學，甚而輟學

請想像一位學生，她十分迷戀她的教授、不斷追求他，並在教授注意到她的時候感到興高采烈，接著，她與教授發生關係、約會，到了最後才意識到，教授過去曾和一連串的學生發生過性關係，她只不過是最新的那一個罷了，他們的感情並不代表她是特殊的，只證明了他有多虛榮。

接下來會發生什麼事？她覺得受到背叛，窘態畢露，再也不能去上他的課，也不能在他的系所（同時也是她的系所）逗留，同時擔心他的同事（她的老師）知道這段關係，害怕他們會因此厭惡她，並懷疑其他人會認為，她是靠著這段關係才獲得學業上的成就，而且這種懷疑很有道理。

我們必須了解的是，許多女性都有過這種經歷，但幾乎沒有男性遇過這種事；而且，會

出現這種差異，並不是自然形成的性別分工，而是因為這個社會引導男性和女性建立了性心理的秩序。**在這種秩序中，男性獲得不成比例的益處，女性則受到了不成比例的傷害**。我認為，我們想像中的那名年輕女性顯然沒有遭教授性騷擾，但她難道不是「基於性」而被剝奪了教育能帶來的益處嗎？

雖然雙方同意的師生戀，不符合性騷擾的定義，但這種關係仍有可能符合性歧視。這是因為，這種關係經常會損害女性的受教權，而且，這是基於性才出現的傷害。

根據傳統法律對性歧視的理解，基於性的歧視通常表示女性和男性受到不同待遇。若有一位男教授只和女學生發生性關係，那這名男教授顯然會以不同的方式對待女學生和男學生。同樣的道理也可以套用在只和男學生發生性關係的男教授，或只和男學生發生性關係的女教授身上。

然而，當我們論及雙性戀時，這種對性歧視的理解就會出問題。假設有一名主管同時向女部屬和男部屬調情，就不算是性別歧視了嗎？這就是為什麼，我們在理解基於性的歧視時，應該要從另一個面向來觀察的其中一個原因。

對於麥金儂和美國作家林．法利（Lin Farley）等，在性騷擾理論方面的女性主義先驅者來說，性歧視的本質不在於差別待遇，而在於創造出不平等的待遇。讓我們以男老闆對女祕書調情為例，其問題不在於老闆有沒有向男性部屬調情，而在於這種不受歡迎的性試探，正如麥金儂所述，表達並強化了女性與男性之間的社會不平等。

那麼，我們也可以把這個論述套用在雙方合意的師生關係上嗎？或許有些男教授和學生上床時，對於學生這個身分一點感覺也沒有，這當然有可能。但難道我們要因此否認，比較典型的情況應該是教授與學生之間的動態，在性慾方面凸顯了日常的異性戀慾望嗎？

我認識一位在大學和教授建立了戀愛關係的女性，關係一直持續到大學畢業數年之後才結束。至於最後她為什麼會那位教授分手，她解釋道：「一名成年男子想要和他教的大一新生交往，這件事本身就能說明一些問題。」我認為她這邊所說的問題，指的是對性別優勢的性慾投資。

只要暫時不考慮師生戀代表的意義，我們就可以輕而易舉的指出這種關係會產出什麼事物。這種關係往往會使女性接受教育的權益受損並傷害女性。對於那些因此停止上課、相信自己不適合求學、從大學或研究所輟學的女性來說，這樣的論述顯然再真實不過。

但是，這個論述對於繼續工作的女性來說，也同樣真實。她們對自己的知識能力沒那麼有自信了，她們會在其他男教授對她們的工作內容表現出興趣時，覺得對方很可疑，也會擔心等到自己有所成就時，人們將會把這些成就，歸功在別的人事物上。這些女性在建立師生戀愛關係時，經常是心甘情願的，但這樣的心甘情願，是否代表她們遭受的歧視程度比較低？

這樣算是在道德說教嗎？我們可以從師生性關係的文化迷戀中，看見某種性慾的意涵，更應該因此懷疑社會制定這種規範的動機。逾矩行為不該是規範的依據，在涉及性的時候尤其如此，但是，歧視則確實可以成為規範的依據。重要的是師生戀愛關係會如何影響參與其中之學生（通常是女學生）的生活，並如何改變所有女性的生活和命運。

然而，事實上，在父權主義這個系統之下，女性無論走到哪裡都會受到基於性的歧視。**女性主義者要面對的問題是，哪些形式的不平等可以用法律解決，哪些形式的不平等只能透過社會變革的力量來改變。**

教育法修正案第九條及相關的性騷擾規範是一種管理工具，目的是使大學校園對女性來說變得更平等、公平和公正，至少在官方意義上是如此。但從某些層面上來說，他們這麼做也同樣使校園在其他方面變得比較不公正，這是許多女性主義者不願承認的事實。

有時候，這種不公正的受害者仍是女性。一九八四年，也就是美國大學首次設立合意關係規定的第二年，法院判定路易斯安那州立大學（Louisiana State University）的研究生克莉絲汀．納拉岡（Kristine Naragon）應接受懲處，納拉岡被起訴的原因，是她與一名她沒教過的大一女學生建立了戀愛關係。

雖然路易斯安那州立大學當時並沒有正式禁止這類關係，但學生家長堅持不懈的抱怨這段女同性戀戀情，導致納拉岡受到懲處。在同一個科系，有另一名男教授與由他負責評分的女學生談了戀愛，卻沒有受到任何懲處。

負責管理教育法修正案第九條的是民權辦公室（Office for Civil Rights，簡稱OCR），他們會記錄有哪些人，曾被指控違反這條法案，但他們沒有追蹤種族統計數據。

教育法修正案第九條的學校管理人員，負責保護學生不受基於性的歧視，但他們沒有義務讓學生不受到基於種族、性傾向、移民身分或階級的歧視。因此，從教育法修正案第九條的觀點來看，這些管理人員無須擔心，在黑人學生數量占少數的科爾蓋特大學中，被指控性侵害的對象有多到不成比例的大量黑人學生。

從法律層面來看，沒有相關紀錄顯示，是否有其他地方也出現了同樣的狀況。哈佛大學法律教授哈雷花了多年時間，記錄校園性騷擾規範帶來的隱形代價，包括針對有色人種、無證移民和跨性別學生的不公平指控。

她問道：「當校園規範的實施對象，是受到大規模監禁的人、移民或跨性別積極者，並主動拒絕教育法修正案第九條對他們的公平保護時，其他人又怎麼會在意這些人？」

所以，我們必須問：若法律承認師生戀愛關係是性歧視，並因此違反此法，會使校園對所有女性、酷兒、移民、不穩定就業者和有色人種變得更公平嗎？又或者，承認之後，會導致正當程序進一步失敗，使社會把原本就不公平的正當程序拿來針對已經被邊緣化的人，導致加倍的不公平？

這種承認是否會在不經意間，落入文化保守主義者的下懷，讓他們繼續用保護女性的藉口來控制女性？還是說，會被用來當作抑制學術自由的手段？會不會被視為校園性騷擾規範的終極反證法，就算事實並非如此？又或者，被有需要的人視為女性主義者已經徹底失去理智的象徵？

性騷擾法的歷史，描述了人們為了實踐性別正義，能如何運用法律。但這段歷史也點明法律的極限，而決定極限到哪裡的不是原則問題，而是政治問題；在超過了極限之後，法律必須放棄引導文化，只能不耐煩的等待文化跟上。

無論年紀有多相近，我的學生永遠都是孩子

我從二〇一二年開始撰寫這篇文章的第一個版本，那是我在耶魯大學完成學士學位的五年後，也是耶魯大學全面禁止師生性行為的兩年後。那時，我是哲學系的研究生，這個系所在性騷擾和雙方合意的師生戀上，都占有非常高的比例。

當時，我非常震驚的發現，哲學家在思考教授是否應該和學生發生性關係或約會時，他們的思維受到非常大的局限。這些人明明這麼習慣應對優生學和酷刑的倫理問題，他們怎麼會認為，教授與學生的性行為只要雙方合意就沒問題？

許多哲學家傾向於只在他們想看到複雜性的地方發現複雜性，而哲學是一門由男性主導

的學科，其中也包括許多過去或現在，於女性面前感到無能為力的男性，他們用自己的職業地位換取性，把這種交換當作幫自己伸張正義的方式之一。

我還記得，我曾在一個匿名的哲學部落格中，讀到一位哲學家的評論，而且我認為那名哲學家絕對不是女人，他詢問道，教授要求和學生發生性關係，和要求和學生打網球之間有什麼差別。

這是個好問題，為什麼？法國哲學家蜜雪兒．勒多夫（Michèle Le Dœuff）寫道：「當你既是一名女性，也是一名哲學家時，成為一名女性主義者，有助於了解你所遇到的事情。」

我在讀研究所時，一直想向同系所的男性解釋，我剛剛嘗試傳達的事情，包括有問題的性行為有很多種，缺乏雙方合意只是其中之一、雙方合意的行為也可能會帶來系統性的破壞、教學關係會帶來特定的責任，比一般人對彼此的責任還要更高。

我想向他們解釋，正因為教育學曾經或仍舊是一種充滿情慾色彩的體驗，所以把教育學性化，會造成危害。我想讓他們知道，避免與學生發生性關係，和將學生視為孩子不一樣。

如今，我成為一名教授，我必須承認這些論點不再像過去那麼有吸引力了。這不是因為現在我不再認同這些論點，我仍然相信它們是對的，但是，我不再覺得這些要點從某種意義上是必要的了。

看著我教的大學生及研究生，我依然覺得，無論他們再怎麼成熟聰明、擁有再怎麼高的自我導向性，在某些重要的層面上，他們仍然還是孩子。我的意思並不是他們在法律、認知或道德狀態上是孩子，他們絕對有能力同意任何事，也有權利決定他們的人生。

我的意思是，他們都還非常年輕。過去，我還處在他們的位置上時，我不知道自己有多年輕，誤以為自己已經是個成熟的知識分子，雖然，當時也有一些友善的教授，用對待成熟知識分子的態度對待我，但他們想必也覺得我年紀還小。

這個社會上有很多和我的學生一樣年紀的人，在某種程度上，已經算是成人了，這些人大多都沒有上過大學，也永遠不會上大學，而我的學生在這方面還不是成人。我的學生之所以會顯得年輕，和我所任教的學校有很大的關係，這所學校裡有許多年輕人，都是同樣因為階級和種族，所以可以繼續保持年輕，不用急著長大，與此同時，校園外則有許多和他們同齡的人，不得不早點長大。

無論是大學生還是研究生，我的學生在我眼中會如此年輕，也和他們身為學生時，所處的特殊過渡空間有很大的關係。他們的生活緊張、混亂、令人激動且開放，大致上尚未成形。

有時候，我真的很難不去嫉妒他們。有一些教授覺得，他們很難抗拒融入學生的誘惑，但抗拒這種誘惑對我來說是理所當然的事，這不是一種普遍存在的道德戒律，而是我們與過去的自己對質時，會喚醒的一種感受，而與過去的自己對質正是教學的一部分。我們必須退後、讓開，讓他們繼續走出自己的路。

美國文學學者珍・湯普金斯（Jane Tompkins），在《學校生活》（*A Life in School*）一書中寫道：「我在教室裡，生命就在我的面前，在學生的臉上與體內。他們就是生命，我希望我們能在授課期間共享我們的生命，一起創造事物，那就已經足夠了。」

在我剛成為教授的第一週，我和系所裡的教職員工和研究生共進晚餐。其實，我當時的年齡與研究生比較接近，和多數教職員工的年齡反而較遠，我還記得研究生們的陪伴，讓我感到自在又快樂。

晚飯後，我們開的紅酒還沒有喝完，每個人都處於微醺狀態，系所負責人告訴我他要先走。他看向對桌那兩名在胡鬧的研究生，笑道：「我在他們開始坐在對方身上時就在想，是時候該回家了。」

他說得對，我跟著他離開餐廳，讓我的學生繼續走出他們自己的路。

第六章

家暴、賣淫與強暴，
21 世紀最該正視的議題

我認識的一位黑人教授常告訴他的學生，他們應該為勝利之後的未來制定計畫。女性主義者如果勝利了，該怎麼做？許多人都覺得，這是一個過度奢侈的假設。

這些人會告訴你，女性主義者手上沒有權力，女性主義者只能從相對缺乏權力的位置發聲。不過，無論你願不願意接受，事實上已經有部分女性主義者擁有相當大的權力。

舉例來說，有些女性主義者在大學和職場的性騷擾政策、全球非政府組織的優先事項、國內法和國際法如何對待女性等方面，都能發揮非常重大的影響。甚至有些自封為女性主義者的人，以政治領袖和執行長的身分踏進現有的權力體系中，這些女性主義者也擁有權力。

還有一些女性主義者的目標與政治右派一致，他們同樣擁有很大的權力。例如在一九七〇年代和一九八〇年代反色情和反娼（anti-prostitution）[1]的女性主義者，以及如今的排跨女性主義者。

另外，還有些女性主義者慢慢發現，他們有能力運用社群媒體，把社會大眾的注意力引導到男性的性侵行為上，這些女性主義者擁有的權力也在增加。

可以肯定的是，這些擁有權力的女性主義者，幾乎都過著富裕的生活，而且通常都是來自西方國家的白人。**從這個層面上看來，女性主義已經在本身的階級中，再現了這個世界的不平等**，我們不能因為如今大多數女性仍然相對沒有權力，如北方國家的勞工階級女性和移民女性，以及南方國家的貧窮棕色人種女性和黑人女性，而否認部分女性主義者握有相當大的權力之事實。

那麼，她們應該如何運用這些權力？

二〇一九年九月，《衛報》（*The Guardian*）報導了德國科隆市[2]市政府資助的「免下車妓院」（drive-thru brothel）：

> 我們在城鎮邊緣看到的場所，就像是性行為的得來速。顧客沿著一條單行道，開車進入約兩英畝大的開放式空間，性工作者會在那裡提供服務。受到僱用後，性工作者會伴隨顧客，進入半私人的停車位。
>
> 為了安全起見，每個停車位都規畫成性工作者可以在必要時迅速逃離的設計，車位設計成顧客無法打開駕駛座的門，但乘客的門可以打開，而且，旁邊有一個用來求救的緊急按鈕。另外，現場還有社會工作者及性工作者的休息空間，可以取暖，並獲得社會工作者的協助。

1 本書提到的「娼妓」，代表各種性別的性工作者，使用女部的「娼妓」，僅為方便讀者閱讀。

2 德國第四大城市，是德國最古老的城市之一。

nia，是一間總部位於倫敦的慈善機構，其宗旨為終結針對女性和兒童的暴力行為。nia的執行長凱倫・英加拉・史密斯（Karen Ingala Smith），在推特上轉推有關免下車妓院的報導，並評論道：「對我來說，這些免下車妓院的照片，看起來就像關牲畜的棚子或車庫，這種環境印證了，從娼女性被去人性化了。」

另一個致力於終結女性受暴的英國慈善機構Making Herstory，在推特上寫道：「為了確保那些人能輕易接觸到受虐、貧困、被販賣的受害者，我們什麼事都做得出來，對吧？」《衛報》的文章附帶的照片——一個大型木製車棚，用彩色的金屬隔板區分成數個汽車大小的區塊——是在對女性主義者挑釁。建築的象徵符號，已經表明了該建築的功能，也就是由女性提供匿名且常規化的性服務給男性。

建築中的緊急按鈕和逃生路線，也代表著有一部分的客戶可能使用暴力。這座建築象徵著男女關係的狀態中，最令女性主義者感到厭惡的事物，也就是男性在身體、性和經濟方面的優勢地位。

然而，如果我們以不同的方式解讀這張照片，如果這張照片並非象徵了男女關係的狀態，而是對這種狀態的務實回應的話，我們就能感受到一股衝動，令人想讓這個世界變得更適合特定女性群體生活。

一旦我們理解了在目前的經濟環境中，必定有許多女性會被迫從事性工作，也理解在當前的意識形態條件下，必定會有許多男性進行性交易，那麼，接下來最重要的問題就是，我們要怎麼做才能為這個行業的女性帶來更大的權力？

科隆市的性工作者妮可．舒茲（Nicole Schulze）告訴《衛報》：「我認為每個城市都應該有一個安全的空間，讓性工作者工作和休息，因為每個城市都有性交易。」

女性主義者在辯論有關性工作的話題時，常會論及性工作所象徵的力量，與性工作的現實狀況兩個層面之間的張力。在象徵層面上，性交易被視為父權主義下的女性狀況縮影，性工作者完美代表了女性的次等地位，而皮條客則表示男性統治。

這些性交易的最基礎定義就不平等，而且通常伴隨著暴力，此外，性交易也意味著男女性關係的普遍狀態。從這個角度來看，性工作者應該要大聲呼救並被拯救，皮條客則該被懲罰，性交易應該被全面禁止，而且這一切都是為了全體女性的利益。

反娼女性主義者認為，我們在面對這種狀況時，應該要把性工作罪犯化，也就是使性消費（甚至販賣性行為）變成非法行為。但整體而言，將性工作犯罪化，並不會為性工作者帶來幫助，更不用說拯救他們了。我們都知道，設立性工作相關法律限制，反而會使性工作者的生活變得更加艱難、危險、暴力且不穩定，性工作者打從很久之前，就不斷指出這種狀況。

在性交易犯罪化的地區，例如美國大部分區域，性工作者會被皮條客和警察強暴，而且這些強暴犯不會受到懲罰。在性交易部分合法化的地區，例如英國，若女性為了安全而一起工作的話，她們會因開設妓院的罪名被逮捕，如果她們是移民，則會被驅逐出境。

另外，在性交易合法化、但進行嚴格管制的地區，如德國和荷蘭，男性管理人和妓院老闆則能賺進大量錢財，但無法獲得執照的女性，會進入陰暗的犯罪階層，且往往會遭到人口販賣，並被迫從娼。

在性消費違法，但販售性行為不違法的狀況下，例如北歐模式（Nordic model）[3]，皮條客會要求性工作者在性交易時，提供嫖客更高的隱私，但這同時也是迫使女性冒更大的風險賺取同樣的收入。

為了懲罰嫖客，性工作者一同付出代價也沒關係？

其實，在任何犯罪化的體制之下，性工作者這整個階級的生活，都不可能變得更好。我的意思並不是指，反娼的女性主義者，如麥金儂、德沃金、布朗米勒、美國社會學家凱瑟琳·巴瑞（Kathleen Barry）、英國女性主義學者朱莉·賓德爾（Julie Bindel）、傑佛瑞斯等人，認為自己是在參與象徵性的政治。

事實遠非如此，大多數的反娼女性主義者都清楚知道，許多性工作的狀況有多嚴峻，也確實為此採取行動。

不過，我之所以會說「大多數」，是因為有些反娼女性主義者親口承認過，他們並不在乎性工作者的福利。

例如，英國作家朱莉．伯奇爾（Julie Burchill）曾說：「等性戰爭打贏了之後，應該把性工作者當成通敵者，槍決她們，因為她們徹底背叛了所有女人。」還表示：「難怪在一九八〇年代的性交易遊說中，有這麼多女同性戀者暢所欲言，女同性戀者向來厭惡異性戀傾向，而性交易就是最不利於異性戀關係的事物之一。」

與此同時，性工作者則主張為反娼所做的努力，只會讓他們的生活變得更糟，而不是更好。我們該如何看待這些論述？

反娼女性主義者到底對犯罪化性工作一事，投入了怎麼樣的情感？他們原本對性工作者付出了真誠的關心，卻因為這些情感而變得自相矛盾，拒絕聽取性工作者的意見。

茉莉．史密斯（Molly Smith）和朱諾．麥克（Juno Mac）是《反叛的性工作者》（*Revolting Prostitutes*）一書的作者，這本書為性工作者做出了強而有力的辯護；兩位作者剛開始寫書時，找了其他性工作者組成閱讀小組，一起討論反娼寫作的歷史。過去，撰寫反娼文

3 指北歐國家：丹麥、冰島、挪威、瑞典和芬蘭，共有的經濟政策和社會政策。

章的大多都是女性主義者。關於女性主義者，她們寫道：

性工作者的形象，往往代表了父權主義強加在所有女性身上的創傷，等於性工作者象徵了女性的痛苦和女性所遭受暴力。嫖客因此變成所有暴力男性的象徵，他們是針對女性的純粹暴力的化身，也是掠奪者的原型。

我們對這種觀點深有同感，我們的生活也同樣受到性別暴力的形塑，很能理解女性會有一股政治衝動，想懲罰這些象徵創傷的男人……北歐模式的支持者，把性交易視為一種極度不平等的交易，這當然是一種正確的看法；性交易因為父權主義、白人至上主義、貧困和殖民主義而受到嚴重傷害。

性交易的顧客，就像是這種巨大權力差異的體現，因此從許多方面來說，人們會直覺認為把這些男人的行為犯罪化，是正確的舉動。

史密斯和麥克認為，女性主義者之所以會使性工作者的生活變得更糟，是因為這些女性主義者心中充滿矛盾，而懲罰男性嫖客的渴望——懲罰嫖客個人，也懲罰所有暴力男性的替身——解釋了這種矛盾。

史密斯和麥克也能理解這種渴望，她們並不否認，皮條客在許多方面都是父權主義的貼切象徵；但是，她們堅持人們在滿足懲罰男性的渴望，和賦予權力給靠性交易維生的女性之間，必須做出選擇。

換句話說，**當我們靠著懲罰男性而獲得精神上（也許也有道德上）的滿足感時，必定會有女性為此付出代價，而且付出代價的，往往都是生活最不穩定的那些女性。**

反娼女性主義者通常都不是性工作者，在他們的幻想中，人們根本無須選擇：他們在懲罰那些濫用父權權利的男人時，也是在為狀況最糟的女性謀求福利，這兩件事將會組合出令人滿意的趨同現象。

在這樣的想像中，他們忘記了德國著名古典社會學家馬克斯．韋伯（Max Weber）的警告：從事政治，代表你正與潛伏在每一個暴力行為中的撒旦權力建立關係。**對性工作者來說，「懲罰男人」和「讓自己生存下去」，絕對是個二選一的單選題**，而不是複選題，這件事再清楚不過。

象徵主義當然很重要，父權主義不但建立在身體的層面上，也同樣建立在文字和符號上。但這種象徵主義的要求，很可能不符合那些必須付帳單、養孩子、有時還被嫖客毆打的真實女性所提出的要求。

這些女性在受到攻擊時，能獲得資源嗎？還是說，她們會和暴力的男性一起困在封閉空間中，在這場象徵主義的戰爭中，變成沉默的犧牲品？

性交易和墮胎一樣，立法也不可能根除

也許，我把這件事過度簡化了。我認為，我們不能否認，反娼女性主義者確實象徵性的把情緒投資在「懲罰有性權利的男人」這件事上，這樣的投資使她們無法承認，人們必須在懲罰男性嫖客和改善從娼女性的生活條件之間做出選擇。

但是，這些女性主義者可能會反駁說，她們回應的是另一個同樣真實的單選題，而且這是支持性工作者權利的人忽略的問題：人們要為現在的從娼女性創造更好的生活，還是要創造一個沒有性交易的世界？

法國的反娼社運人士在幾年前，成功推動政府設立懲罰性交易的法律，其中，一名社運人士討論到政府把性交易的顧客入罪後，會不會使性交易者更容易受到傷害，這位社運人士表示：「當然會！我不害怕說出真相，但請思考一下，我們在廢除奴隸制時，也同樣曾使一些前奴隸的生活變得很糟糕，我們必須著眼於未來！」

這些反娼女性主義者自稱為廢除主義者（abolitionist）[4]時，是在蓄意援引歷史上的反奴隸制社會運動。性工作者不僅反對這些女性主義者將性工作和奴隸制同化，也反對他們指稱性工作和奴隸制一樣有罪，是確實根除性交易的步驟之一。

但事實是，**把所有性工作或部分性工作犯罪化的每個地區，都沒有成功根除性交易。無**

論政府實施的是哪一種法律制度，性工作都能蓬勃發展，這些法律制度帶來的唯一差異，是性交易的環境條件，而其中最明顯的環境條件，就是客戶和性工作者是否為國家強制權力能管理的對象。

只要女性仍需要金錢來付帳單和養育孩子、性工作仍然比他們能找到的其他工作更好、女性的次等地位仍然被社會色情化，性交易就不會消失。從這個層面來說，犯罪化性工作其實等同於象徵性的廢除：在法律上徹底消除性交易，但在現實中性交易依然存在。

二〇一八年，西班牙法院在反娼女性主義者的施壓之下，以性工作不是工作為由，廢除了性工作者工會的地方法規。這項裁決不適用於那些在「紳士俱樂部」工作的女性，而所謂的紳士俱樂部，大多都是由男性經營的妓院。

西班牙的性工作者想為自己工作，而不是為男性工作，但自己工作沒有勞工保護、不能獲得國家養老金或社會安全保險，還經常有警察根據規定不明確的公共安全法罰他們的錢。現在，他們甚至不能成立工會。

領導此運動的西班牙反娼女性主義者，使用「#我是廢除主義者」（#SoyAbolicionista）

4 主要指廢奴主義者。

的主題標籤，但他們究竟廢除了什麼？

現在有兩方在爭論，一方是在象徵主義的廢除性工作，投資了情緒的女性主義者，一方則是努力想改善性工作者生活的女性主義者，他們的爭執使用的辯證法，非常像是另一個社會議題──墮胎──的正反雙方爭論時使用的辯證法，唯一的差別在於，性工作者與多數反娼女性主義者都積極支持墮胎權。

女性主義者一直以來，都在努力向反對墮胎的人解釋，把墮胎犯罪化並不會減少墮胎的數量，反而會增加死於墮胎的女性人數。若想使墮胎消失，社會應該大量投資性教育、提供有效、安全且免費的避孕措施、訂定國家保證的育兒假、提供全民兒童照護和孕婦健保等。

當然，也有一些反墮胎人士希望尋求墮胎的女性都被處死。《大西洋》（*The Atlantic*）的前作家凱文．威廉姆森（Kevin Williamson）便表示，他完全支持政府像對待其他犯罪行為一樣對待墮胎，包括將墮胎者處以絞刑。

但是，如果大多數反墮胎者說的都是實話，那根據他們的說法，他們關心的其實不是懲罰女性，而是保護未出生的嬰兒。但是，無論我們是否認為未出生的胎兒具有人權，我們都很清楚，將墮胎犯罪化並不會根除墮胎。

這麼說來，我們也可以認為，反墮胎人士同樣參與了一種象徵主義的政治行動，而與其說這個政治行動的目的是根除墮胎，不如說是用法律譴責墮胎。無論這些反墮胎主義者是否有意識到這件事，都不會改變這個事實。

那麼，將性工作除罪化會不會比較好？若我們將性工作除罪化的目的，不是改善性工作者目前身處的環境，而是為了使性工作徹底消失？畢竟，在性交易除罪化的國家，雖然性工作者的工作條件有所改善，但性產業的規模並沒有顯著縮小。

■將性工作除罪化後，會發生什麼事？

最接近完全除罪化性工作的轄區和國家，包括澳洲新南威爾斯[5]（一九九五）和紐西蘭（二〇〇三）。二〇〇八年，針對紐西蘭法律的一項正式審查發現，性產業的規模沒有增加，反倒有減少的跡象，也有越來越多性工作者，從受他人管理變成個人式或多人共同經營的方式，他們亦更願意舉報遇到的犯罪行為；此外，性交易相關人口販賣沒有增加，而幾乎所有性工作者，都認為自己享有更好的勞動權益和法律權利。

5 位於澳洲東南部，為澳洲人口最多的一州。

至於德國和荷蘭等性工作已合法化，但尚未完全除罪化的國家中（部分性產業已受到國家官僚機構的控制，其餘性產業則依然被視為違法），因為性工作合法化而獲得最多好處的是妓院男經理和男客戶，許多性工作者的處境則變得更糟，性交易相關人口販賣問題亦跟著增加。

（按：在臺灣，自二〇一一年立法院三讀通過修正《社會秩序維護法》後，性專區制上路，將「罰娼不罰嫖」改為專區外「娼嫖皆罰」，授權地方政府可以設性專區，但迄今仍沒有地方政府敢設立專區。於是，在沒有配套措施的情況下，導致許多性工作者的工作權缺乏保障，最後他們只能依附黑道勢力，甚至遭到性剝削。）

史密斯和麥克認為，廢除主義者的頭銜，應該屬於除罪化的支持者。他們指出，因為只有讓社會在政治上承認性工作者是勞工，而勞工需要的是法律保護，而不是譴責和拯救，性工作者才有能力拒絕他們不想要的性行為；而且，資料顯示，在紐西蘭將性工作合法化之後，該國的性工作者覺得自己拒絕客戶的能力逐漸提升。

史密斯和麥克在這裡，引用了馬克思主義女性主義者費德里奇的論述。基於美國作家詹姆斯和科斯塔在一九七〇年代初期發起「家務有償運動」（Wages for Housework）的基礎上，費德里奇指出，把一件事情稱為工作，是拒絕做這件事的第一步。

她認為，若女性能迫使這個社會承認，資本主義生產的必要先決條件就是女性的無薪再生產勞動，那麼，家務的工資就能讓女性否定這項工作能表現出其天性，並因此否決資本家為女性打造的角色。

對工資的要求，將會打破社會上的錯誤觀念。人們將因此了解，家務勞動不是女性與生俱來的工作，也不是讓女性表現天生的陰柔氣質的工具；此外，費德里奇還表示：「對工資的要求，也會迫使資本家以對我們更有利的方式重組社會關係，並因此對勞工階級的團結帶來更多益處。」

戴維斯在《女人、種族與階級》中，反駁了費德里奇和其他支持家務有償運動的女性主義者。她認為，家務有償或許可以略微改善勞工階級女性的命運，但這麼做的代價，是進一步鞏固她們身為家庭勞工的角色。

戴維斯寫道：「清潔女工、家政工人、女傭，這些女性比任何人都更清楚，在做家務時領取薪水代表的意義。」她認為，家務有償不會提高勞工階級女性的社會地位，也不會為她們帶來心理解放；相反的，這將進一步使「家庭奴隸制度合法化」。戴維斯問道，家務有償真的可以成為女性解放的有效戰略嗎？

從更廣泛的政治視角來看，費德里奇和戴維斯之間的辯論關鍵在於，哪些要求是真正的革命，哪些要求則只是改良主義；簡單來說，就是哪些要求能為廢除統治體系奠定基礎，哪些則會在緩解最糟糕的症狀之後，反而使統治體系的掌控變得更加穩固。

費德里奇將家務有償視為一種革命要求，在她看來，家務有償能加強女性反抗資本主義和性歧視的力量，進而使她們在社會生產與再生產的過程中，獲得更高的集中控制權。她指出，家務有償要求的不只是金錢，還索取重塑社會關係的力量。

費德里奇的概念，引用自法國左翼作家安德烈．高茲（André Gorz），高茲在〈改良與革命〉（*Reform and Revolution*）一文中寫道，對於改良主義者來說：

> 改良行動中會受到影響的只是「事物」，如薪水、公共設施、養老金等，國家要由上而下的分配這些事物，提供給那些在生產過程中，精神不集中又無能的個人。

相較之下，他說革命社會主義者應該清楚的把每一部分的改進、每一項改革都歸納在整體計畫中，而該計畫的目的，是創造出全球性的改變。

另一方面，若我們用高茲的話來描述戴維斯的想法，戴維斯認為家務有償運動的本質只是改良主義。她說，支付工資給家庭主婦會使她們充滿壓迫的生活，變得稍微容易忍受一些，但這樣的改變其實是在支持性歧視和資本主義。在戴維斯看來，真正的革命要求應該是廢除家務是女性個人責任的概念，也就是廢除兒童照顧、烹飪和打掃的社會化。

在性工作的辯論中，也出現了類似的辯證法。反娼和支持除罪化的女性主義者都聲稱，他們的目標是推翻這個製造出性工作的系統，所以才會開始爭論誰有權自稱為廢除主義者。

史密斯和麥克等除罪化支持者認為，加強性工作者的勞工權力，不僅會改善他們的生活，還能賦予他們更大的權力，去要求經濟和社會關係進行重新調整，進而使他們不再需要為了維生而從娼。

從這個角度看來，他們的政治行動具革命性，然而，從反娼女性主義者的角度來看，除罪化充其量只是一種改良主義的措施，只能略微改善性工作者的生活狀況，同時卻支持父權主義和新自由主義對性的商品化。

誰才是對的？老實說，我們很難確定答案。正如高茲所寫：「任何改革……都有可能會被資本主義清除其中的革命意義，再重新吸收。」或許長遠來說，無論性工作除罪化的基進支持者抱持何種意圖，除罪化都會穩固性工作在資本主義社會中的地位。也或許，社會在運用除罪化，把性工作變得像是其他工作一樣後，將會削弱而非加強性工作者的反叛潛力。

美國無政府主義性工作者桑妮雅・亞拉貢（Sonya Aragon）用強而有力的論述，表達了這種擔憂：「在主流性工作者的權利運動中，對除罪化的關注，要求我們把性工作放在和其他工作一樣的位置上，使我們必須爭取勞工權利，也需要立法機構給予權益。

但這一切都只是或許。與此同時，我們沒有充分的理由認為，把性工作者與性交易顧客丟進監獄裡就能根除性工作，畢竟這種做法至今依然沒有終結性工作的存在。

不過，我們有充分的理由認為，除罪化能讓性工作者的生活品質變得更好。從這個角度看來，選擇犯罪化就等於選擇了對現實中的女性進行特定迫害，並認定社會可以把這種迫害當作手段，為所有女性達到觀念上的解放。這再次揭露了反娼女性主義者在邏輯核心深處，對象徵主義政治做了情緒投資。

接下來，單純為了辯論的方便性，假設我們很確定，社會必須在改善當今從娼女性的環境條件，和更快抵達一個沒有性交易的未來之間，做出一個悲慘的抉擇。如果一定得二選一的話，作為女性主義者，我們該如何決定？

黑人女同性戀女性主義團體康比河聯盟，在一九七七年四月的宣言中，解釋了他們的政治方法論：

> 在我們的政治實踐中，我們不贊同「為達目的，不擇手段」。許多人打著「正確」的政治目的為名，做出各種反動行為與破壞行為。身為女性主義者，我們不想藉著政治的名義，用不公正的方式對待他人。

這個基本原則：不為了政治目的而用不公正的方式對待他人，代表當我們必須選擇改善現有人民的生活，或是為了更美好的未來堅守立場時，我們必須支持前者。

許多反娼女性主義者都直接否認他們現在面臨了這樣的單選題，還滿心幻想的堅稱，犯罪化既能根除性工作者，也能幫助性工作者。

但是，也有一些反娼女性主義者明白他們必須二選一，但他們認為，如果能心滿意足的看著男人受懲罰、在法律中消除性交易，還能更快抵達一個沒有父權主義的世界（至少在他們的想像中是如此），那麼，就算性工作者必須因此變得更貧困，他們也願意接受。

這些女性主義者雖然不至於把性工作者當成叛徒，氣得想開槍處決他們，但他們很樂意以不公正的方式對待性工作者。

強制監禁家暴者，反而使被害人不敢報案

二〇〇七年，社會學家伊莉莎白・伯恩斯坦（Elizabeth Bernstein）創造了「監禁女性主義」（carceral feminism）一詞，來描述一種依靠國家強制力，如警察、刑事法庭、監獄等，來實現性別公正的政治主張。

在過去五十年間，有越來越多國家認為，在遇到性交易、家庭暴力和強暴時，把加害者

監禁起來是一種常識性的反應。正如我們在性工作的實際案例中所看到，這麼做的問題在於，監禁這個所謂的解決方案，往往會使那些處境已經非常糟糕的女性，陷入更糟的狀況中。

這是因為，監禁女性主義是在邀請國家使用強制權力，來對付遭受性別暴力的女性，其中包含貧困女性、移民女性、有色人種女性、低種姓女性，同時懲罰那些女性不得不依賴的男性。與此同時，監禁化的方法也無法解決社會上如貧困、種族主義、種姓制度等問題，這些社會現實是大部分犯罪的根源，而且會使特定女性群體特別容易受到性別暴力的影響。

二〇〇六年，巴西通過瑪利亞達佩尼亞法（Maria da Penha Law），該法律的名稱，來自名為瑪利亞・達佩尼亞（Maria da Penha）的女性。達佩尼亞經歷了丈夫的多次毆打和兩次謀殺後，倖存下來；其中一次謀殺使她腰部以下癱瘓。

她花了二十年的時間，才終於讓巴西法院對她的丈夫進行審判並定罪。這項新法律之所以能通過，有很大一部分原因來自女性主義組織的努力，依據這項法律的規定，家暴事件中的犯罪者會受到強制監禁，政府也會設立專門法庭來審理家暴案件。

部分巴西學者指出，瑪利亞達佩尼亞法使家暴的通報數量下降，但這並不是因為新法律減少了家暴案件的數量，而是因為**遭家暴的巴西貧困女性，不再認為自己可以向警方求助：**她們擔心自己的伴侶會被監禁在惡劣的環境中，也**擔心在沒有國家補助的狀況下，她們無法靠自己養家糊口**。

從一九八〇年代開始，部分美國女性主義者成功推動各州政府實施強制逮捕政策，警方必須依照該政策的規定，在接到家庭暴力投訴時進行逮捕。這些政策正如許多黑人和拉丁裔的女性主義者所預測，增加了有色人種女性遭家暴的數量。

大量研究指出，被捕後的報復性暴力，其實和貧困、失業、吸毒和酗酒等因素有關聯，而有大量黑人和拉丁裔的社區，都深受這些因素所苦。

一九九二年，在威斯康辛州密爾瓦基市進行的一項研究發現，強制逮捕政策減少了就業白人男性的暴力行為，但同時也增加了失業黑人男性的暴力行為。研究表示：「如果在密爾瓦基這樣的城市，被捕的黑人是被捕白人數量的三倍，那麼，強制逮捕的全面政策防止了兩千五百零四次主要針對白人女性的暴力行為時，付出的代價是五千四百零九次主要針對黑人女性的暴力行為。」

事實上，無論在全球的哪個地區，男性的失業都和女性受家暴有所關聯。但是，受到暴力對待的貧困女性，往往沒辦法要求國家僱用她們的丈夫，也沒有國家會提供離開丈夫所需的費用。

她們唯一能要求國家做的，只有把丈夫關起來，因此我們也可以理解，為什麼許多女性不願意向國家求助。有時候，在這些婦女向監禁化的政府尋求幫助後，她們自己反而會受到懲罰，在美國的強制政策和雙重逮捕（dual arrest）[6]政策下，最終被逮捕的，很常是有色人種女性，而不是施暴者。

一九八四年，胡克斯撰文討論，女性解放運動傾向於只關注女性之間的共同點：

> 雖然女性主義者會因為共同壓迫的概念，而渴望團結與同理心，並運用這種渴望來建立同盟，但「依據自己受到的壓迫建立組織」這一類口號，卻為許多享有特權的女性提供了藉口，使她們得以忽略自己與多數女性的社會地位之間的差異。
>
> 中產階級白人女性，有能力把她們自己的利益當作女性主義運動的主要焦點，並使用一套通用性修辭，使她們的遭遇變成壓迫的代名詞……這樣的行為，正是種族特權和階級特權的特徵之一。

從表面上來看，共同壓迫的概念，蘊含了讓所有女性團結一心的希望。有錢和窮困的女性、公民和難民、白人、黑人、棕色人種女性、高種姓和達利特女性……所有女性都因性而受到壓迫，而這將是她們建立同理心聯盟和戰略聯盟的基礎。

但是，與此同時，也有許多因家境、種族、公民身分或種姓制度而被邊緣化的女性受到傷害，這明顯不是所有女性都會共同遭受的痛苦。

這些女性會陷入政治困境，有很多原因，性的壓迫只是其中之一。若我們的女性主義只願意解決性的壓迫，那這種女性主義追求的策略，對這些女性而言沒有太大的用處。胡克斯指出，在你把共同壓迫當作號召口號時，你不只忽視了處境最糟糕的女性會受到的欺壓，更保證了那些痛苦的存在。

用監禁化手段實踐性別正義的人，傾向於預設他們的目標是女性受到共同壓迫的「純粹」案例，等於不會有階級和種族等因素，使問題變得更加複雜。還有些女性主義者認為，罪犯化性交易能幫助性工作者，但這種論述的基礎假設是，性犯罪者還有其他選擇，等於在說，性工作者的根本問題出在他們去做性交易，而沒有想到許多使他們成為性工作者的因素，例如貧困或移民法。

同理，當女性主義者認為，社會可以靠著監禁來解決家暴時，他們並沒有考慮到，**有些女性的命運和施暴者綁在一起，這些女性在經濟上依賴那些毆打她們的男性，她們的生命會因為警方、法院與監獄如何對待同社群的男性，而受到重大影響。**

監禁化的處理方式，也忽視了全球各地五十多萬名被監禁的女性，她們在監獄中遭性侵、暴力、羞辱、強制絕育，並失去她們的孩子。美國被監禁的女性數量，占了全球的三

6 當警方無法確定事件中哪個人有罪，或認為兩人都有罪時，有時會逮捕兩人。

○%，相較之下，中國占了全球的一五%，俄羅斯占了七．五%。近幾十年來，女性監禁率的增長速度是男性的兩倍。

女性的過度貧困，代表她們比較不可能有錢保釋自己、不受審前羈押，因此增加兒童與主要照顧者分離的案例。美國的受監禁女性中，有八○%是母親，女性監禁率能與美國相媲美的只有泰國，泰國女性的入獄原因有八○%，都是非暴力的毒品相關犯罪。

位於英國貝德福德郡的亞爾斯伍德（Yarl's Wood），是一個可以無限期拘留女性的移民遣返中心。英國內政部曾警告在亞爾斯伍德絕食抗議的被拘留者，這種抗議舉動可能會導致他們更快被驅逐出境。

全球絕大多數被監禁的女性，都來自貧困環境，教育程度不高，並曾涉及暴力事件。許多主流女性主義者，幾乎不曾為這些女性發聲過；但這一點也不令人意外，畢竟這些主流女性主義者，本身就和監禁化的體系有所牽連。

女權自助餐，只適用於社會地位最高的女性

女性主義者若接受監禁化的解決方案，也就是讓滿大街都是警察，把男人送進監獄，那就等於是在掩護統治階級，而這些統治階級一直以來，都拒絕解決大多數犯罪的根源：貧困、

種族優勢、國界問題、種姓制度。

大多數犯罪和女性不平等的來源，正是這些不平等的力量，及其必然會造成的結果，如缺乏住房、醫療保健、教育、兒童照顧、工作機會等，使大部分女性經歷各種苦難。

以全球整體來說，大多數女性都是窮人，而大多數窮人都是女性。這就是為什麼，我們會認為反對共同壓迫的女性主義，並不等於爭取所有女性平等和尊嚴的女性主義。若女性主義聚焦的重點，是女性遭受的共同壓迫，那**這樣的女性主義追求的，只會是以性別平等的方式，接納如今的不平等結構，無法對抗使多數女性陷入最悲慘處境的力量**。

自一九七〇年代以來，女性主義的焦點從社會經濟生活的轉型，轉變成在現有的資本主義結構中，確保女性平等；而這種大規模轉變的其中一部分變化，就是接納監禁主義。

如社會學教授蘇珊．瓦特金斯（Susan Watkins）在二〇一八年，於期刊《新左派評論》（*New Left Review*）中指出，於一九六〇年代末期和一九七〇年代，英語世界的基進女性解放主義者，就像那個年代在社會民主歐洲和非殖民化第三世界的同代人一樣，對於改革社會秩序很感興趣，而這種秩序，不只會產生性別不平等，還會催化種族與階級上的不平等。

他們要求全民兒童照顧、醫療保健和教育，還有生育自決權與消滅異性戀本位的核心家庭，以及財富再分配、工會權利、提供工資給無薪家務及生產工具的民主所有權。

一九七四年，紐約基進女性主義者（New York Radical Feminists，簡稱 NYRF）[7]出版

了《強暴：女性的第一本手冊》（*Rape: The First Sourcebook for Women*）。他們在書中寫道：「我們必須明確指出，強暴不是法律與秩序的問題。女性不要求政府閹割強暴犯或處死強暴犯……我們不希望政府把強暴法變得更嚴厲。」他們說，只有透過改變家庭、經濟體系和男女心理，才能使性剝削變得無法理解，並使強暴消失。他們認為，強暴不是改良主義問題，而是革命問題。

但在美國，這種變革性的要求，很快就對瓦特金斯所說的「反歧視典範」（anti-discrimination paradigm）讓步。根據反歧視典範的論述表示，女性面臨的真正問題，是她們和男性在勞動力中不是平等的存在。正如旨在保障女性權利的全國婦女組織（National Organization for Women）所述，他們應該要帶領女性，充分參與各種美國社會的主流活動。

無論是過去還是現在，這種女性主義都最適合已經成為資本主義受益者的女性。這些女性很富有，大多是白人，現在也已經擺脫了乏味的家務，變成醫師、律師、銀行家和學者。

瓦特金斯注意到，這種女性主義也同樣很適合美國右派，他們在反歧視典範中，看到了「黑人問題」的解決方案，而所謂的黑人問題，指的是貧困的人民在公開場合，大聲要求社會實踐種族平等和經濟平等的壯觀場面。

在右派看來，他們遇到的問題不是如何實現這種平等，而是如何在對抗共產主義和反殖民叛亂的過程中，避免自己在國際上顯得尷尬。尼克森政府開始提供管道，讓部分黑人男性和女性，成為中產階級的專業人士，藉此使黑人人口出現分歧。

用尼克森的話來說，這種分歧會創造出兩個階級，一是黑人資本家，二是龐大的黑人下層階級，而政府將會在未來的數十年裡，透過一系列的「戰爭」來規範黑人下層階級——這些戰爭包括打擊毒品、犯罪以及福利女王。同樣被迫承擔這些戰爭的還有移民，社會把白人變貧困的原因，都怪罪在他們身上。這場戰爭採用的策略，是非常明確的監禁措施，美國因此成為了全世界服刑人數最多的國家。

■美國的監禁化策略，影響有多嚴重？

身為支持廢除監獄的學者，露絲．威爾森．基爾摩（Ruth Wilson Gilmore）的研究顯示，加州的監獄人口在一九八二年至二〇〇〇年間成長了五〇〇%。

7 費爾斯通和基進女性主義活動家安娜．科特（Anne Koedt）分別離開紅絲襪和女性主義者聯盟後，於一九六九年創立的基進女性主義團體。

她在該報告中闡明，使監獄人口成長與入獄率增加的，往往不是中央政府，也不單是種族化的法規計畫。另一個同樣關鍵的重點是，雖然黑人在美國監獄系統中的占比不符合人口比例，但這並不代表被監禁的罪犯過半數都是黑人，在監獄人口中，四〇％是黑人（黑人占總人口的一三％），三九％是白人（白人占總人口的六四％），一九％是拉丁裔（拉丁裔占總人口的一六％）。

在美國實行大規模監禁的期間，黑人與白人的監禁比例（黑人的占比同樣不成比例的高）沒有發生變化，但在監禁人口中，來自貧困階級與中產階級的人口比例，卻大幅增加。

與此同時，「反歧視」女性主義從一九七〇年代中期開始的追求，在兩個階級之間畫下了清楚的分水嶺，一個是新獲得權力、大多是白人職業女性的階層，另一個則是貧困、以非白人女性與移民女性為主的階層，後者接下了為她們照顧孩子、打掃家裡的工作。

美國早期女性解放運動的女性主義者，就像歐洲和第三世界的女性主義者一樣，總體上來說，並沒有向國家的強制機構尋求性別暴力的解決方案。他們對國家權力抱持懷疑態度，設立並經營自己的基層強暴危機中心、家暴庇護所和墮胎網路。

如費德里奇就根據義大利自治主義馬克思主義的傳統，表示：「按照我們想要的方式設立日間托兒中心，並要求國家支付費用，這是一回事。但若我們把孩子送到國家手上，要求國家每天控制他們十五個小時，而非五個小時，這又是另一回事了……在前者的狀況下，我們可以重新獲得對生活的部分控制權，在後者的狀況下，我們則是在擴大國家對我們的控制。」

但到了一九八〇年代，主流女性主義者已經完全接受，用法律和秩序來處理家暴、性交易、色情作品和強暴的方式。為什麼會有這種轉變？在一定程度上，這個改變反映出美國在這個時期出現的大規模變化，也就是對暴力犯罪的焦慮日益增加，同時個人主義意識形態也逐漸興起，這種意識形態認為，犯罪出自個人的失敗，而非源自社會的病態。

一九八四年，當時的美國總統雷根抱怨自由主義者欺騙了美國人，他說：「讓美國人以為所有個人不法行為……都源自物質的缺乏、底層社會的背景，或糟糕的社會經濟環境。難怪現在會出現一個新的特權階級……這個階級的慣犯和職業罪犯認為，他們有迫害同胞而不受懲罰的權利。」

一九八九年，當時還是紐約市紈褲子弟和地產大亨的川普，在該市的四份報紙（包括《紐約時報》）上刊登了全版廣告，呼籲政府處決五名青少年（四名黑人男孩和一名拉丁裔男孩），因為他們五人是一起中央公園強暴案的嫌疑人；一直到二〇〇二年，紐約警方才抓到該案件的真凶，證實這五人確實遭到誤判。

這些廣告雖然具有明顯的川普風格，過於誇張，還慶祝國家的暴力，但這同時也能提醒我們，川普的政治傾向，是在大規模美國監禁主義的歷史背景之下形成的。

女性主義轉而支持監禁主義的變化，很符合戰後美國在物質條件和意識形態條件上的改變。但是，無論這個時期的美國女性主義者是蓄意還是無意的，他們都確實積極推動了監禁化國家的發展。

部分女性主義者為了追求主流合法性和獲取資金的管道，成為專業「反暴力」專家，如顧問、受害者辯護人、計畫管理者等，他們就像犯罪學教授貝絲・瑞奇（Beth Richie）所說的，逐漸變成整個系統的辯護者，而不是系統轉型的推動者。

與此同時，女性主義律師帶頭把性別暴力，重新定義為法律和執法問題。一九七六年，在集體訴訟案《布魯諾訴科德案》（*Bruno v. Codd*）中，人們開始為受毆打的女性，爭取求警察干預的權利。

兩年後，女性主義者參加美國民權委員會（Commission on Civil Rights）針對妻子虐待情形所舉辦的聽證會，這些聽證會為政府的反毆打倡議計畫奠定了基礎，該計畫也包括了強制逮捕的要求。

一九八〇年代，女性主義者與共和黨合作，引入針對色情作品的民事法規、涉入害無辜的托育工作者被送入監獄的道德恐慌[8]、支持建立包括青少年在內的性犯罪者登記制度，還有為了用更嚴格的刑事定罪來廢除性交易和性工作者人口販賣，而推行社會運動。一九九四年，時任美國總統的比爾・柯林頓（Bill Clinton）簽署反婦女暴力法（*Violence Against Women Act*，簡稱VAWA），共同連署人包括當時為參議員的喬・拜登（Joe Biden），該法案提供了十六億美元的資金，供政府調查和起訴針對女性的暴力犯罪。

美國女性主義者是政府提出與通過VAWA的關鍵原動力，所以在法案通過後，他們都顯得非常開心。VAWA是兩黨支持的法案《暴力犯罪控制與執法機構法》（*Violent Crime Control and Law Enforcement Act*）的一部分，該法案還訂立六十項新的死刑罪名，並取消政府原本要提供給監獄教育計畫的資金。

兩年後，柯林頓兌現了他的競選承諾，也就是「終止我們所熟知的那種福利」[9]，讓貧困女性及其子女更容易遭暴力對待。針對家暴的「傾逮捕政策」（pro-arrest），使監獄中來自貧

8 主要發生在一九八〇年代的道德恐慌，撒旦教滲入日托中心的流言傳入大眾耳中，許多托育工作者遭控以撒旦儀式虐待兒童，儘管許多案件毫無證據，仍有多名無辜的托育工作者遭定罪。

9 在一九九六年，柯林頓簽署《個人責任與工作機會調節法案》（PRWORA）以兌現其競選承諾，該法案被認為是自大蕭條（Great Depression，一九二九年到一九三三年間的全球經濟大衰退）以來，社會政策的最大轉變，也是「自由主義的分水嶺」，旨在節省五百五十億美元的聯邦支出，但估計使一百一十萬兒童陷入貧困之中。

困階級的男人與女人變得更多。

在這些事件發生的同時，冷戰步入終結，第三世界的債務急遽攀升，開啟了美國的霸權時代，從這時開始，所謂的「全球」女性主義，其實具有非常鮮明的美國特質。社會主義者和反殖民女性主義者建立新世界秩序的雄心，使女性解放與經濟正義攜手後退一步，讓位給新的優先事項，也就是讓全世界的婦女一起進入全球資本主義經濟之中，而掌舵者是美國。

雖然許多西方政府、非政府組織和私人基金會，都把錢投資在女性的教育和醫療保健上，但在這個同化主義的計畫中，最重要的工具其實是小額信貸，也就是擴大貸款範圍，把錢借給世界各地的貧困女性。

但這個計畫的策劃人沒有意識到，貧困女性最需要的是更多水、電、衛生設施等公共資源。於一九八四年，印度女性主義者狄薇基・簡恩（Devaki Jain）便曾警告：「經濟發展這個神奇的公式……已經變成了最糟糕的女性公敵。」

該計畫沒有提供公共服務，而是決定透過外國私人企業債權人，以二〇%的利息發放小額貸款，藉此增強婦女的權力。這些貧困婦女除了獲得貸款之外，還獲得了監禁化國家的「保護」，儘管這不是她們最需要的東西。

一九九五年，一百八十九個國家在聯合國第四次世界婦女大會（World Conference on

Women）上通過《北京宣言》（*Beijing Declaration*），裡面列出十二個值得關注的關鍵領域，其中之一就是對女性的暴力侵害。

該宣言呼籲各國制定刑事、民事、勞工和行政制裁，並在女人與女孩受到任何形式的不當暴力侵害時，立刻懲罰和糾正，並為了預防暴力和起訴犯罪者而立法。雖然《北京宣言》也鼓勵各國進一步消除性別主義的行為，並為女性提供謀生之道，但全球各地的女性權利社運人士，仍持續把大部分的焦點，放在如何用監禁化的手段解決性別暴力上。

這些社運人士把性別暴力建構成一種國際人權問題後，西方國家便以此為藉口，發動軍事干預行動。喬治．布希（George Bush，小布希）的妻子，也就是前第一夫人蘿拉．布希（Laura Bush），在二〇〇一年十一月，她丈夫透過入侵阿富汗推動反恐戰爭後不久，在一次廣播演說中解釋道：「反恐的戰爭，也同時在為女性的權利和尊嚴而戰。」

但她沒有提到的是，在阿富汗變成全球最不適合女性生活的國家這件事上，美國占據了什麼樣的歷史地位，導致至今，阿富汗依然擁有這個悲哀的頭銜。

阿富汗經歷了長達數十年的外國軍事干預，其中也包括美國有史以來最長的戰爭；在這之後，經濟破壞使阿富汗人對生活感到前所未有的絕望，程度超過了歷史上任何國家的人民。女性為此付出不成比例的代價，九〇%的阿富汗女性曾受過家庭虐待，而有八〇%的自殺人口是女性。

令女性主義陷入窘境的是，儘管在過去數十年來，女性主義在某些方面改善了部分婦女的條件，例如獲得更高的法律權利、在高等教育、高階職業、選舉政治和媒體方面有更高的代表權、提高獲得生殖健康保險的機會、使上流社會普遍同意男女應平等、提升男性質疑性別限制的意願、越來越多人接受非霸權的性傾向等。

但與此同時，其他形式的不平等卻全面性的增加，其中，經濟不平等的加劇尤其明顯。我不是在說，女性生活的改善是虛假或一蹴可及的事情，我也不認為這種改善只對富裕的女性有益。

印度的貧窮女人也需要她的丈夫知道，他無權打她，她也必須有能力公開發表自己的意見。如果她能湊齊學費的話，她也應該有能力送女兒去上大學，而她的女兒，也必須有權利自由的愛她想愛的人。但是，這個女人同時也必須能夠確保自己和家人能活下去，他們需要土地、水、食物，也需要安全、團結、社群。

過去，美國女性主義一直都是全世界影響力最高的女性主義，而美國女性主義的歷史，描述的是（部分）女性揮舞著國家權力，帶來了重大影響力，到最後，這些國家權力則轉變成超越國家和政府的影響力。

但這段歷史同時也描述了，資本主義國家如何以對自己有利的方式，引導女性權力的方向。到最後，女性主義幾乎不會對統治階級帶來威脅。

支持 #MeToo 運動，無法拯救所有女性

美國女性主義的近期轉折點，是二〇一七年的 #MeToo 運動，此運動的推動力源自一個簡單直白的事實：所有職業女性（或幾乎所有的職業女性）都遇過性騷擾，包含猥褻言論、羞辱、撫摸、性威脅、刻意妨害等。

許多女性在社群媒體上，從其他女性的證詞中看見自己的故事，此現象從美國開始，並逐漸蔓延到世界各地。正如英國精神分析學家米歇爾在一九七一年所述：「女性參與此運動，是因為她們的私生活帶來了不明確的挫敗感，接著，她們發現原本以為的個人困境，其實是一種社會困境，可見這其實是一種政治問題。」

許多男人都對這個運動感到驚訝，但幾乎在運動開始的瞬間，這個普世通用的號召口號「me, too」就展現出其有限性。

這個口號，由黑人反暴力社運人士塔拉娜．柏克（Tarana Burke）在十多年前率先提出。社會從沒有正視過黑人女性對性騷擾的抗議，因此，當人們要求黑人女性和白人女性一起站出來時，她們立刻對此感到不滿。

女演員蘿絲．麥高文（Rose McGowan）在推特上指出溫斯坦用什麼方式對待她後，沒多久她的推特帳戶就被停用了；演員艾莉莎．米蘭諾（Alyssa Milano）和其他白人女性因此開始

呼籲大眾，使用主題標籤「＃女性抵制推特」（#WomenBoycottTwitter）來抵制推特。

導演艾娃・杜韋奈（Ava DuVernay）和作家羅珊・蓋伊（Roxane Gay）等多位備受矚目的黑人女性，則出聲指責白人女性選擇性的關注問題。媒體顧問艾波・瑞格（April Reign）是「＃奧斯卡好白」（#OscarsSoWhite）[10] 這個主題標籤的幕後推手，她告訴《紐約時報》：「你對麥高文表達支持是一件很棒的事，但同時，你也應該在各個方面都保持一致，所有女性都應該支持所有女性。」

但是，#MeToo 作為大規模女性運動，問題不僅出在缺乏跨種族的一致關注，其根本問題在於，這個運動的前提是任何類似的運動，都必須以所有女性的共同點作為基礎。

性騷擾對職業女性來說，是實際存在的事情，但對許多女性來說，受到性騷擾並不是工作中最糟糕的一環。像麥高文這種富有的白人女性，或蓋伊與杜韋奈這種富有的黑人女性面臨的狀況，與打掃好萊塢廁所的貧困移民女性的處境，肯定有著天壤之別。

對貧困的移民女性來說，性騷擾只不過是加強了她們原本就因低薪與不穩定，而必須承受的痛苦罷了。多虧好萊塢女星推動了 #MeToo 運動，這些貧困的移民女性現在可以在遇到性騷擾時，向反職場性騷擾的「時間到了法律保護基金會」（TIME'S UP Legal Defense Fund）提起訴訟。

但是，當她們需要錢逃離暴力相向的伴侶、照顧生病的孩子，或是遇到移民局要求提供文件時，她們應該向誰求助？幾乎所有女性主義者都認為，我們不應該容忍騷擾，應該要起訴僱主，也認為反對性騷擾的法律對職業女性帶來了很大的幫助。

但是，**以懲罰糟糕男人為主要目的的女性主義政治行動，永遠都不會是解放所有女性的女性主義**，因為這種女性主義，掩蓋了大多數女性無法自由的原因。

整體而言，支持 #MeToo 運動的女性主義者，似乎對國家的強制力信心滿滿。當法院對第一章提到的游泳選手特納的性侵案，做出相對較輕的判決時，女性主義者大聲抗議；當前奧運體操隊隊醫賴瑞．納薩爾（Larry Nassar）[11] 的法官，在審判中暗示他希望納薩在獄中被強暴時，他們歡欣鼓舞；在溫斯坦的判決出來時，他們亦高聲歡呼。

他們支持法律和大學校園，用更嚴格的方式規範何謂性合意，並指責那些對此表示批判的人是強暴辯護者。我們很難責怪他們的作為，因為在過去數個世紀以來，男人不但侵害和貶低女性，還利用國家的強制機構，來加強他們這麼做的權利。

那現在該輪到女性行使同樣的權力、表達她們的憤怒和報復了，不是嗎？但是，問題在

10 奧斯卡在二〇一五年，因為在四個表演類別中皆缺乏種族多樣性、只有白人演員被提名而受到抨擊，因而導致「＃奧斯卡好白」成為推特上的當紅話題。

11 連環兒童性虐待罪犯，以提供醫療為理由，性侵數百名女性體操隊員，許多人被性侵時還未成年。

於，在你啟動國家的監禁化機器後，你無法精挑細選這架機器會摧毀的對象。不管我們喜歡與否，女性主義對監禁主義的擁護，都必定會為監禁化的體制提供進一步的掩護，而監禁化體制的其中一個功能，就是防止人們對物質上的不平等，進行政治上的清算。

我並不是在說，在這個過程中，女性主義者無須做出艱難的選擇。有些貧窮的婦女希望能看到虐待她們的伴侶被關進監獄，就像有些性工作者渴望政府逮捕暴力的皮條客一樣。有一些反對監禁主義的人認為，沒有人應該受到懲罰，我們不能用更多暴力來解決暴力問題，但女性主義者不需要當聖人，相反的，女性主義者只需要擔任現實主義者即可。也許有些男人確實應該受到懲罰，但女性主義者必須捫心自問，在他們要求政府提供更多的警方管制和監獄時，他們發起的是什麼行動，這些行動是在針對誰[12]。

每一個平等運動，都是資本主義的牟利管道

非裔美國人喬治．佛洛伊德（George Floyd）於二〇二〇年五月，被明尼亞波利斯的警察謀殺後[13]，媒體重新開始關注「黑人的命也是命」（Black Lives Matter），這是許多人第一次意識到，我們可以大幅縮減或廢除警察制度，以及警察併同其他制度所構成的更廣大監禁化綜合體系。

包括女性主義者在內的許多人，都對於削減警察經費的呼籲感到困惑，他們無法想像，當一個社會不再受到國家的暴力權力監管時，會是什麼模樣。如果沒有警察的話，要由誰來執法和維持秩序？

這些人心中認為，從廣義上來說，警察和監獄真的實踐了所有法律規範並成功維護秩序，至於非法處決、非法監禁、強迫子宮切除和性暴力等事，只是例外，不是特定群體會固定受到的待遇。

當然，也有人認為，法律本來就應該用不公正的方式對待窮人、有色人種和移民，有可能是因為這些人本來就不值得獲得更好的待遇，又或是因為這些人受到的不當對待，是和平社會必須付出的合理代價。

「如果沒有警察的話，要由誰來執法？」他們提出這個問題，也暴露了他們對廢除主義傳統（abolitionist tradition）的誤解。在大多數的廢除主義思想家看來，削減警察經費的目

12 反監禁主義不一定代表反對懲罰本身，如今社會上有許多非監禁形式的懲罰，如社交媒體上的羞辱，也可說是監禁的一種形式。

13 佛洛伊德因涉嫌使用假鈔被捕時，白人警察德里克．肖萬（Derek Chauvin）單膝跪在佛洛伊德脖頸處超過八分鐘，被跪壓期間，佛洛伊德失去知覺，並在急救室宣告死亡。

的，當然不是為了讓那些被迫在社會邊緣生存的人釋放怒氣。

在支持廢除主義傳統的女性主義者中，最值得注意的是戴維斯和基爾摩。廢除主義者認為，監禁化等同用控制取代資源，而監禁化代表犯罪化和關押，將會成為解決所有社會問題的解答。

一九七一年六月，戴維斯因協助武裝黑人社運人士，而在舊金山北方的馬林郡坐監等待法庭審判時，她寫下：「政府使用這麼高強度政治鎮壓，其必要性反映出嚴重的社會危機和系統性的解體。」

如果我們在應對社會危機的徵兆時，不再依賴警察和監獄，而是正面迎擊的話，會怎麼樣？如法律學者小詹姆斯．福爾曼（James Forman Jr.）所說，廢除主義要求我們想像一個沒有監獄的世界，然後設法建立出那個世界。

要怎麼做，才能建立那樣的世界？我們要將吸毒和性交易等行為除罪化，畢竟大家都知道，犯罪化這些行為，只會使暴力加劇而非縮減[14]。另外，還要進行經濟關係重組，讓人們不再需要犯下偷竊食品、非法跨越國界、街頭露宿等為生存所犯的罪（喬治．佛洛伊德被殺死之前，用假鈔買了香菸，而那天，他剛失去了工作）。

我們要建立適當的社會和政治結構，以滿足這些在未被滿足時，會導致人際暴力的需求，如社會住宅、健保、教育和兒童照護、在民主化的職場上獲得合宜的工作、保證能賺進基本收入、以民主的方式管理當地社群支出和優先事項、休閒娛樂和社交聚會的空間、乾淨的空氣和水……我們要建立一個司法系統，盡可能的追求修復與和解。

基爾摩解釋道：「廢除的意思不是使東西消失……廢除的目的，是讓社會生活中的感知與物質，以截然不同的方式存在。」

在廢除主義傳統看來，監禁主義是在掩護種族資本主義的剝削行為，而社會關係和經濟關係的轉變，至少會在一定程度上破壞監禁國家的基本原理和需求性。因此，在削減警察經費的呼籲聲中，隱含的是把財富和權力從富人身上，大規模重新分配給窮人的要求。

就像早期女性解放運動中的基進女性主義者一樣，支持「黑人的命也是命」的社運人士和組織者，也沒興趣在一個按別人的需求建立出的體系中，找到屬於自己的一席之地。

該運動在二〇一六年的宣言〈黑人生活的願景〉（*A Vision for Black Lives*）中，列出六項要求，包括撤除對監禁化機構的投資、把資源投資在教育和健康上，以及「人人享有經濟正義，並重建經濟以確保我們的社群擁有集體所有權，而不只是使用權」等。

14 在美國監禁人口中，多數人犯下的都是暴力犯罪（從非法持有槍支到強暴與謀殺），暴力犯罪者占國家監獄所有囚犯的五五%，占國家監獄、聯邦監獄、當地監獄所有囚犯的四二%。

前述這段文字，與一九六九年被警察和聯邦調查局暗殺的黑豹黨（Black Panther Party，簡稱BPP）[15]成員佛列德・漢普頓（Fred Hampton）所說的話互相呼應：「我們不認為你該用火來滅火，我們認為你最好用水來滅火……我們在說的是，我們不會用黑人資本主義來對抗資本主義，而是要用社會主義來對抗資本主義。」

因此，黑人生命運動（Movement for Black Lives）並不像一些左派批評者，尤其是馬克思主義政治理論學家阿道夫・里德（Adolph Reed）所說的那樣，只想把黑人納入目前的資本主義秩序中，最後幸運贏家寥寥無幾，失敗者則多不勝數。

里德有很充分的理由，反對社會用反歧視的手段來對付種族主義，因為反歧視的手段，並不是在追求真正的平等，而是在追求他和美國文學理論家瓦特・班恩・邁克斯（Walter Benn Michaels）所說的「比例適當的不平等」，也就是在一個不平等的經濟系統中，讓有色人種在各個階級中占據適當的比例。

里德沒有說錯，反種族主義就像女性主義一樣，可以用類似資本主義的形式出現，而且也時常如此。綜觀過去的歷史，資本主義一直以來都以不同方式，依賴著基於種族、種姓和性別建立出來的等級制度。舉例來說，資本主義在壓迫那些被剝削的白人男性勞工時，也會說服這些男性相信，自己比妻子和其他黑人同事更優越。

但是，資本主義也同樣能從反歧視的邏輯中獲益。性別主義、種族主義和反移民歧視，破壞了精英統治的順利運作系統，甚至可能會剝奪最有才華的勞工所擁有的資本。

反歧視措施提高了勞動力市場的效率，同時又不改變勞動力市場的基本邏輯，也就代表了，必定有一些人只能靠著出賣勞動力生存。在喬治．佛洛伊德謀殺案發生後，谷歌（Google）、亞馬遜、推特和 Nike 的執行長，都呼籲員工紀念「六月節」（Juneteenth），也就是在六月十九日紀念美國奴隸制的結束。

亞馬遜執行長傑夫．貝佐斯（Jeff Bezos）鼓勵員工取消當天的所有會議，但這對亞馬遜的倉庫工人並沒有什麼幫助，他們在演算法審查制度的持續威脅下，不能在工作時去上廁所，並因此受重複施力傷害所苦。

里德和其他批判身分政治（identity politics）[16]的左派評論家，都傾向於認為比例適當的不平等，是反種族主義政治行動所能追求的最好結果。不過，如果他們的看法是正確的，那美國和其他以種族區分階級的社會，可能都在劫難逃。

這是因為，美國歷史上之所以沒有大規模的勞工階級運動，顯然與白人種族主義和本土

15 由非裔美國人組成的黑人民族主義和社會主義政黨。

16 具有特定宗教、種族、社會背景等的人們，形成排他性政治聯盟的趨勢，遠離傳統的基礎廣泛政黨政治。

主義有很大的關聯性，而白人種族主義和本土主義本身，就是階級對抗的歷史產物。

正如美國社會學家杜博依斯（W. E. B. Du Bois）在《美國的黑人重建》（*Black Reconstruction in America*）一書中指出，資本主義為白人勞工帶來貧困之後，提供的「補償」就是白人至上主義，而白人至上主義則排除了勞工階級、跨越種族界線，彼此團結起來的可能性。

毫無疑問的是，美國勞工階級運動不可能靠著排擠貧困白人而取得成功，更不用說許多人甚至把貧困白人視為蔑視的對象。更為清楚的事實是，若美國勞工階級運動想要成功，我們就必須和勞工階級中不斷增加的非白人與非本地出生者對話。

這些人的數量越來越多，他們的生活卻被互相糾纏的資本主義、種族主義和仇外心理摧毀。若想要在不與這些人對話的狀況下，使運動成功，唯一的可能就是由這些人發起運動。

我們必須和他們對話的原因，不只在於這些人正逐漸成為勞工階級，最重要的理由是，他們令人心力交瘁的生活本身，才是最需要徹底革命改變的東西。

像里德這樣的理論家認為，這種困境可以被解決，但解決辦法不是針對多種族和支持移民的勞工階級建立政治行動，而是關注所有美國貧困階級受到的共同壓迫，也就是狹義上的資本主義剝削。

但是，正如胡克斯對白人女性主義的分析，這種方法不但有可能會掩蓋境遇最糟糕的人所受到的壓迫，更可能使這種壓迫不斷延續下去。

更重要的是，從某種程度上來說，這種方法會使貧困白人的白人身分和「本地出生」身分，進行心理上的投資，進而推動他們對移民勞工和有色人種勞工產生厭惡感。同時，貧困白人也因為對種族主義、仇外心理的衝突延遲到來，而身陷痛苦之中。

一九七〇年，黑人社會運動家兼作家詹姆斯・鮑德溫（James Baldwin）寫了一封信給當時正在坐牢的戴維斯，他在信中哀嘆道：

> 在這個廣大的土地上，只有數百萬人知道你必須經歷的命運……就是即將吞噬他們的命運。對於統治這個國家的力量來說，白人的生命並不比黑人更神聖……在美國人的幻想中，他們不但覺得他們的兄弟全都是白人，而且還覺得所有白人都是他們的兄弟。

因此，我們該問的不是「反種族主義運動足夠反資本主義嗎」，而應該提出這個問題：「勞工階級運動能夠不採用反種族主義嗎？」

女性主義和反資本主義之間的關係，也是如此。一九七〇年代的馬克思主義女性主義者指出，資本主義依賴的，正是女性在家庭中的無薪勞動。他們觀察到，勞工階級的女性不僅生育男性並確保他們穿得暖又吃得飽，還要撫慰他們的自尊心、承擔其挫敗感，並創造一個溫暖的家，讓他們在異化勞動（alienated labour）[17]之外有喘息的空間。

在先進的資本主義國家中，有越來越多人開始付錢買賣「女性的工作」，也就是社會護理工作。這些工作包括打掃、護理、餵養、育兒、教育兒童、照料老人。低收入女性正逐漸成為新勞工階級的代表面孔，她們是最有希望發起抗議活動的核心族群。

新冠疫情大流行清楚證明了，在自給自足的核心家庭中，父權意識形態不僅使女性，也讓男性陷入了當代資本主義的矛盾，被認為不能缺少、卻又用完即丟的生活裡。

這樣的現象，使許多人看清特定女性主義者長期以來一直堅持的觀念：社會再生產的工作，必須是社會的工作。問題不在女性主義能否稱得上是勞工階級運動，而是勞工階級運動，能否成為女性主義之外的任何事物。

當我們說勞工階級運動必須包含女性主義和反種族主義時，這並不是在否認，資本主義有能力籠絡（也確實一直都在籠絡）女性主義和反種族主義的能量。我們絕對不該低估資本的力量，資本能夠配合文化變遷，找到新的目的並重組。

畢竟，就連「純粹」的反資本主義要求，也同樣會受到資本主義利用。拿無條件基本收入（Unconditional Basic Income，簡稱ＵＢＩ）[18]為例，雖然全民基本收入由多位社會主義者所提出，但這個概念卻吸引了矽谷的多位億萬富翁，他們認為，可以用全民基本收入作為手段，在人們因科技，薪水優渥、需要中階技能的工作大幅減少時，平息人們的反抗心態。

一九七三年，諾丁丘女性解放工作小組（Notting Hill Women's Liberation Workshop Group）

解釋，詹姆斯在前一年提出的要求，包括家務有償、同工同酬和社區控制的托兒所等，並不是他們想追求的最終目標。

他們表示，這些要求無法打造出理想社會的藍圖，而且滿足這些要求的社會，也不會因此而不再具有壓迫性。事實上，這些請求只會是一種力量，用來反抗資本想要的事物，並爭取我們想要的事物。他們說：「追根究柢，唯一一種不會被籠絡的要求，就是武裝民眾想要結束資本主義的要求。」

我們無法預先確定，某個政治綱領會不會受到籠絡，也無法保證某個政治綱領屬於革命性，而非改良主義。你只能觀察當下發生的事，再規畫你的下一步。要做到這一點，你必須在戰略上和情感上，準備好放棄原本極為依賴的思維模式和行為模式。

從這個角度來看，對於任何一種真正的解放政治行動來說，懷舊都是一層障礙。同樣的道理，也適用在女性主義任何其他事物上。

---

17 在馬克思理論中，工人感到失去對自己從事的勞動之控制的狀況。

18 沒有條件、資格限制，每位國民皆可定期領取由政府或團體組織發放給全體成員的一定金額，以滿足人民的基本生活條件。

經濟不平等、民主缺陷、種族優勢，是強暴案發生主因

但是，該拿強暴犯怎麼辦？

人們在反對廢除主義對於監禁主義的批判時，往往會拿這個問題來當作關鍵理論基礎。強暴犯的例子，向我們展示的最重要概念，想必就是「廢除主義是行不通的烏托邦思想」。如果女性主義者要求社會審判、定罪和監禁強暴犯的話，他們怎麼可以同時批評父權主義的懲罰方式？

監禁主義的部分反對者在面對這個問題時，會堅持認為性侵犯是社會問題的產物，而我們可以應用非監禁形式的國家權力，來解決這些社會問題；最明顯的其中一個例子，就是經濟和政治決策權的基進民主化。

但這種想法的錯誤之處，在於把父權壓迫簡化為經濟和政治上的壓迫。這些因素確實是性暴力的部分成因，像是種族優勢、經濟不平等和民主缺陷，都是高比例性侵害的預測因子。

值得一提的是，**去工業化和薪資下降所引發的男性危機，特別容易使女性遭遇性暴力**。但是，失業的絕望男性，把他們的攻擊轉移到女性身上有其原因，而且經濟力量並不會削弱這些理由：有一些性別關係，早在我們建立如今的經濟結構之前，就已經存在於社會中。

批判資本時，如果只從經濟關係的角度分析，我們將永遠無法完全解釋或糾正性暴力。

對資本的全面批判，必須將性別次等化視為大規模資本主義制度中的重要面向與常態目標。其中當然包括經濟層面，但同時也要容納社會、生態心理層面等。

若反資本主義的政治行動缺乏這種認知，很可能會把女性拋棄在公民社會中，而公民社會對於這些女性來說，正如麥金儂所形容：「更像是一種自然狀態。」「但是，強暴犯要怎麼辦？」有些人會把這個問題當成一張王牌，但事實上，廢除主義女性主義者，倒是很樂意針對這個問題高談闊論。

首先要問的是：哪些強暴犯？在民眾皆開始關注，美國警方過度使用武力的事件後，性騷擾變成人民最常對警察提出的控訴。在二〇〇五年至二〇一三年間，有四百零五名警察因強暴而被捕，及兩百一十六名警察因強迫非自然法性行為被捕。

在英格蘭和威爾斯[19]，於二〇一二年至二〇一八年間，有一千五百件警察性騷擾的指控。在二〇二一年三月，有一名警察被指控綁架並謀殺一名年輕英國女性，英國政府對此做出的回應是，宣布實施「警惕計畫」（Project Vigilance），此計畫的部分措施，是讓便衣警察在酒吧和俱樂部即將關門的時候巡邏。二〇一四年，印度有一名女性在警局要求警察釋放她丈夫時，

---

19 位於大不列顛島西南部，為英國的構成國之一。

被四名警察輪暴。

支持女性主義式廢除主義的理論學家和實踐者（通常都是貧困的有色人種女性），正在世界各地建立以社區為基礎的民主機構，專門應付人際暴力（包括性暴力），他們拒絕在過程中向國家的強制機構求助。他們追求的，是用新的方式來要求男性負責，同時堅持男性不該以他們受到國家的何種待遇，當成暴力行為的藉口。

美國的一個著名範例，是一個由基進有色人種女性主義者組成的組織 INCITE!，致力於終結國家和人際暴力。他們在全國各地成立附屬團體，為暴力受害者提供社區支持團體、進行健康的男性氣質訓練和旁觀者訓練、創建「無暴力」區，並推動施暴者和暴力受害者之間的變革性司法程序。

雖然這個計畫在許多方面都取得成功，但事實也證明了，這是一項非常艱鉅的計畫，畢竟若要實施這個計畫，就必須號召那些很容易受到性別暴力侵害的女性，創建結束性別暴力所需的機構。如果這樣的計畫能得到不同形式的國家權力支持（不是監禁主義的權力，而是社會主義的權力），執行起來無疑會容易得多。

若世界各地的女性都能獲得有保障的收入、住房和兒童照顧的話，她們將能解放，並在這樣的自由中，思考該如何讓她們的社群變得更安全、更公正，像是該如何教導她們的兒子、兄弟和伴侶，與女人和女孩平等生活，代表著什麼樣的意義。

但無論如何，這都是一項非常艱鉅的工作，這項計畫是在要求女性做法律沒有做到、也做不到的事情：改變男女之間最基本的互動方式。

無能為力是一種悖論，當無能為力者聚集起來，開始論述與表達時，無能為力者將會變得握有權力。這本身並不是一件壞事，但擁有新的權力之後，隨之而來的就是新的困難和責任，等著我們去解決。

對於那些因為自己的倫理權威而獲得權力的人來說尤其如此，他們的權力來自他們承諾要創造出更好、更新的事物。女性主義者不需要放棄權力，就算他們想放棄也來不及了，不過，他們必須計畫好該如何運用。

擁有權力的女性主義者，太常否認自己與暴力之間的糾纏關係。他們常會表現得像是根本不需要做出艱難的選擇一樣，但事實上，他們必須選擇，究竟要幫助一些人還是傷害其他人、追求象徵主義還是功率效能，以及懲罰還是解放。

一般來說，那些擁有權力的人，往往都最不清楚自己應該如何運用能力。但至少對於女性主義者來說，我們不需要因此感到絕望。

女性主義是一場社會運動，而在這場社會運動中，總會有一些人特別難獲得權力，這些人尚未獲勝、目前只能認為活下去就是一種勝利；她們是處於權力最末端的女性，而我們這些並非處於最末端的女性，必須轉過身，看向她們、追隨她們。

致謝

首先，我要深深感謝卡羅琳納・索頓（Karolina Sutton），她在我寫出這本書之前，就知道我想寫出來的，正是這樣的一本書；還要感謝我的編輯亞莉克絲・克利希鮑姆（Alexis Kirschbaum）和米茲・安奇（Mitzi Angel），賦予這本書生命。

我無比感謝瑪麗—凱・維爾梅斯（Mary-Kay Wilmers），為我的文章提供第一個家，也要特別感謝她為本書第三章提供容身之處（「對於刊登在《倫敦書評》（*London Review of Books*）上的文章來說，永遠沒有『太多性』這種事情。」）。

謝謝我勇敢、聰明又善良的朋友凱瑟琳・郎德爾（Katherine Rundell），在我二十六歲生日的兩天後告訴我，我應該試著寫作；感謝凱蒂・傑明德（Katie Geminder），我在她家裡寫了本書中的部分文章；也謝謝羅賓・比爾泰特（Robin Bierstedt）和彼得・梅耶（Peter Mayer），我在他們家寫下了本書的其他文章。

感謝泰德・佛迪克（Ted Fertik）的好友情誼與批評；感謝丹尼斯・周（Dennis Zhou）協助我做詳細的事實核查；感謝我的學生辛波・拉傑（Simple Rajrah）和羅伯特・謝（Robert

Cheah）幫助我整理原稿；謝謝蘇珊・布利森（Susan Brison）在最後一刻非常寬容又細心的閱讀了手稿；也要謝謝我在牛津大學和倫敦大學學院教過的許多學生，我在書中講述了他們的一些故事。

我對牛津大學政治和哲學系的同事感激不盡，也很感謝牛津大學萬靈學院（All Souls College）的同儕與教職人員，這裡就像是我的第二個家。

還要感謝我摯愛的父母，奇特拉和阿南德（Anand），他們允許我帶給他們驚喜，也總是帶我驚喜；謝謝我的姊姊絲維塔（Sveta）經常支持我，也要謝謝薩娜（Saana）、席姆朗（Simran）和喬（Joe）。

謝謝我的祖母阿瑪瑪（Ammama）和帕特瑪（Patuma），總是要求更多；我的姑姑和姑父拉迪（Radhi）和拉梅希（Ramesh），讓我在他們家避難；總是和我團結一心的表親瑪杜（Madhu）；總是如此善良的辛蒂（Cindy）；感謝狄克・羅素（Dick Russell）和曼蒂・羅素（Mandy Russell）多年來都這麼慷慨大方；我的教女克莉歐（Clio），總是神采奕奕；也感謝古斯（Goose），你是我的一切。

友誼是令人眼花繚亂的一場奇蹟，感謝我摯愛的艾力克斯・柯爾（Alex Cole）、艾利斯・史帕斯（Alice Spawls）、安布羅喬・切薩雷─比安奇（Ambrogio Cesare-Bianchi）、安姆盧・卡迪（Amrou Al-Kadhi）、卡蜜拉・杜比尼（Camilla Dubini）、凱特・諾麥爾（Cat

Normile）、塞希爾·法珀（Cécile Fabre）、查斯·泰勒（Chas Tyler）、克里斯汀·納卡拉多（Christian Nakarado）、克萊兒·柏切爾（Clare Birchall）、克蕾西·史特·奧賓（Cressie St Aubyn）、丹尼爾·洛斯查德（Daniel Rothschild）、丹尼·格羅斯曼（Danny Grossman）、丹尼·魯本斯（Danny Rubens）、艾德·霍林斯沃斯（Ed Hollingsworth）、伊萊·沙查爾（Eli Schachar）、艾瑪·霍根（Emma Hogan）、法比恩·赫斯（Fabienne Hess）、法澤拉特·阿斯拉姆（Fazeelat Aslam）、佛雷德·威爾莫特—史密斯（Fred Wilmot-Smith）、亨瑞克·艾薩克森（Henrik Isackson）、赫米恩·霍比（Hermione Hoby）、珍·傅利曼（Jane Friedman）、喬安娜·畢格斯（Joanna Biggs）、強納森·金格瑞奇（Jonathan Gingerich）、強尼·雅克（Jonny Yarker）、賈斯汀·札倫比（Justin Zaremby）、凱特·桑德斯—哈斯丁（Kate Saunders-Hastings）、麗茲·查特基（Liz Chatterjee）、馬歇爾·普茲穆辛基（Marcel Przymusinski）、瑪麗·韋斯理（Mary Wellesley）、馬修·坎貝爾（Matthew Campbell）、馬特·諾特（Matt Knott）、莫薇·安姆瑞（Merve Emre）、蜜拉·韋恩（Mirra Vane）、尼克·梅耶（Nick Mayer）、奧許·瓊斯（Osh Jones）、保羅·洛奇（Paul Lodge）、菲利帕·赫瑟林頓（Philippa Hetherington）、波莉·羅素（Polly Russell）、羅伯·辛普森（Rob Simpson）、桑雅·博戈耶維奇（Sanja Bogojevic）、史帝夫·羅斯（Steve Rose）、塔碧莎·高登史塔（Tabitha Goldstaub）、湯姆·亞當斯（Tom Adams）、維克羅·馬瑟（Vikrom

Mathur）和澤內普・帕穆克（Zeynep Pamuk）在我撰文時和我討論本書。

最後，我為三個人特別保留了多到能讓我心跳停止的愛和感激，他們為我精讀了本書手稿：首先是保羅・麥爾斯科（Paul Myerscough），他討厭人們崇拜編輯，但他值得受到崇拜，而且原因遠不只是他編輯了這本書。謝謝你忍受我這麼愛你。

再來，感謝我才華洋溢的摯友兼自由之路上的同路人丹妮拉・多佛（Daniela Dover）。

還要感謝作家蘇菲・史密斯（Sophie Smith），她和我一起努力完成了這本書。

本書參考資料
詳見QR Code

我清楚知道，除了那名勇敢站在我身邊的女孩之外，我無法和任何人分享……這種經驗，這種大難臨頭的感受。女孩毫不猶豫的說：「繼續往前走。」真正擁有古希臘的阿波羅神女祭司皮媞亞（Pythoness of Delphi）的超然與正直的，其實是這名女孩。

但觀看那些圖片、閱讀那些文字，以及獲得內在視覺能力的……是我。或許從某種層面上來說，我們是一起「看見」這些事物的，因為若沒有她，我絕對不可能繼續走下去。

——美國詩人希爾達．杜利特爾（Hilda Doolittle，筆名H.D.）

Style 065

性的正義

誰決定你的性癖好、性對象？絕非你的自由意志，而是階級、權力，還有A片調教。怎麼從這些桎梏中解放？

作　　者／阿米亞．斯里尼瓦桑（Amia Srinivasan）
譯　　者／聞翊均
責任編輯／李芊芊
校對編輯／張祐唐
美術編輯／林彥君
副總編輯／顏惠君
總 編 輯／吳依瑋
發 行 人／徐仲秋
會計助理／李秀娟
會　　計／許鳳雪
版權經理／郝麗珍
行銷企劃／徐千晴
業務助理／李秀蕙
業務專員／馬絮盈、留婉茹
業務經理／林裕安
總 經 理／陳絜吾

國家圖書館出版品預行編目（CIP）資料

性的正義：誰決定你的性癖好、性對象？絕非你的自由意志，而是階級、權力，還有A片調教。怎麼從這些桎梏中解放？／阿米亞．斯里尼瓦桑（Amia Srinivasan）著；聞翊均譯. -- 初版. -- 臺北市：大是文化有限公司，2022.09
320面；17 × 23公分. --（Style；65）
譯自：The Right to Sex: Feminism in the Twenty-First Century
ISBN 978-626-7123-62-1（平裝）

1. CST：女性主義

544.52　　11100806

出 版 者／大是文化有限公司
臺北市100衡陽路7號8樓
編輯部電話：（02）23757911
購書相關諮詢請洽：（02）23757911分機122
24小時讀者服務傳真：（02）23756999
讀者服務E-mail：haom@ms28.hinet.net
郵政劃撥帳號：19983366　戶名：大是文化有限公司

法律顧問／永然聯合法律事務所
香港發行／豐達出版發行有限公司 Rich Publishing & Distribution Ltd
地址：香港柴灣永泰道70號柴灣工業城第2期1805室
Unit 1805, Ph.2, Chai Wan Ind City, 70 Wing Tai Rd, Chai Wan, Hong Kong
電話：21726513　傳真：21724355
E-mail：cary@subseasy.com.hk

封面設計／高郁雯　內頁排版／江慧雯
印　　刷／緯峰印刷股份有限公司

出版日期／2022年9月初版
定　　價／新臺幣480元（缺頁或裝訂錯誤的書，請寄回更換）
I S B N／978-626-7123-62-1
電子書ISBN／9786267123966（PDF）
9786267123959（EPUB）

有著作權，侵害必究　　Printed in Taiwan

Copyright © 2021 by Amia Srinivasan
This edition is published by arrangement with Curtis Brown Group Limited through Andrew Nurnberg Associates International Limited.
All rights reserved.
Complex Chinese Copyright © 2022 by Domain Publishing Company